Dados Internacionais de Catalogação na Publicação (CIP)

Serviço Social da Indústria (São Paulo).
    Divisão de Nutrição e Responsabilidade Social
    Receitinhas para você : chocolate : sabor que tem história
/ Serviço Social da Indústria
(São Paulo). -- São Paulo : SESI-SP editora, 2012.
104 p. : il. -- (Alimente-se bem ; 2)

ISBN 978-85-65025-44-7

1 . Alimentos 2. Preparo de alimentos 3. Receitas
I. Título

CDD-641.5

Índices para catálogo sistemático:
1. Receitas : Alimentos : Alimente-se bem   641.5

Receitinhas para você

Chocolate
Sabor que tem história

SESI-SP editora

SESI-SP editora

Conselho Editorial

Paulo Skaf (Presidente)

Walter Vicioni Gonçalves

Débora Cypriano Botelho

Cesar Callegari

Neusa Mariani

Comissão Editorial

Tereza Toshiko Watanabe

Rosemeire Casanova Nogueira

Rosinéia Aparecida Bigueti

Silvia Honorato da Silva

Editor - Rodrigo de Faria e Silva

Editora Assistente - Juliana Farias

Produção Editorial - Paula Loreto

Organizadora - Rosinéia Aparecida Bigueti

Textos - Fernanda Cassola Pinto Rodrigues

Fotos - Ivan Carneiro

Coordenação de Produção - Marta Prado

Produtoras - Aline Mestre e Harlen Marau

Ilustrações - Fabiana Pavesi

Capa e Projeto gráfico - Arte e Conceito

Revisão - Cecilia Barcelos

Sumário

Como nasceu esta coleção	07
Introdução	09
Sobre alimentação	11
Escolhendo e preparando os alimentos	16
Organize-se!	17
Segredinho das receitas de sucesso	21
Receitas	27
Dicionário prático	141

ÍNDICE DE RECEITAS

- Bombom simples 32
- Bombom crocante 34
- Castanhas caramelizadas 34
- Bombom com avelã 36
- Bombom de licor 38
- Bombom banhado 40
- Bombom de coco 42
- Trufa tradicional 44
- Trufa com frutas 46
- Trufa de menta 48
- Trufa de castanha de caju no copo 50
- Trufa de morango 52
- Trufa no palito 54
- Cone trufado 56
- Torta trufada de limão 58
- Pirulito trufado 60
- Creme de café 62
- Palha italiana 64
- Alfajor 66
- Petit gateau 68
- Pão de mel 70
- Bolo brownie 72
- Fondue de chocolate 74
- Ganache de frutas vermelhas . 76
- Chocolate com castanhas 78
- Estrogonofe de chocolate 80
- Sobremesa de chocolate 82
- Chocotone trufado 84
- Ovo de Páscoa tradicional 86
- Ovo de Páscoa mesclado 88
- Ovo de Páscoa desenhado e decorado 90
- Ovo de Páscoa recheado ou crocante 92
- Ovo de Páscoa decorado com confeitos ou castanhas 94
- Ovo de Páscoa com cookies 96
- Chocolate moldado em silicone 98
- Decoração com transfer 100
- Pirulito de chocolate 102

CHOCOLATE

Sabor que tem história

CHOCOLATE

Ele é quase unanimidade quando o assunto é agradar ao paladar. Quem nunca se rendeu aos sabores e prazeres do chocolate? Conheça agora as origens dessa delícia!

Nome científico: *Theobroma cacao*

O cacaueiro é uma árvore frutífera nativa da América do Sul e México e hoje é cultivada em regiões tropicais do Brasil e do mundo inteiro. Seus frutos apresentam-se em bagas que pesam em torno de 300g cada, sendo colhidos já maduros. Suas sementes são envoltas por uma polpa clara, fina e de sabor ácido, e podem ser consumidas *in natura* — em sucos, doces e geleias — e as amêndoas secas e torradas dão origem ao chocolate.

No século XVIII, o botânico sueco Lineu nomeou o cacaueiro de "Theo-broma" (alimento divino) em latim. Já a palavra chocolate é originária do asteca "xocolatl" (água amarga).

Os espanhóis foram os primeiros a utilizar o cacau torrado em bebidas, difundindo mais tarde por todo o mundo à medida que foram conhecendo o seu sabor peculiar.

O chocolate que consumimos hoje é composto basicamente por cacau em pó e manteiga de cacau, em harmonia com ingredientes como açúcar e leite. Dentre os ingredientes, o mais nobre é a manteiga de cacau que vai diferenciá-los quanto ao sabor, textura, valor nutricional, e também quanto ao custo.

Normalmente o chocolate é comercializado nas seguintes formas: pó, tabletes, bombons, licores, bolos, pudins, etc, e são muito apreciados quando acrescidos com frutas secas (castanhas nozes, amêndoas, damasco, uva, etc).

FORMAS MAIS COMUNS DE ENCONTRARMOS O CHOCOLATE E SEUS DERIVADOS

Chocolate Amargo

É mais escuro e brilhante e possui pequena quantidade de açúcar. Entram na sua composição as sementes de cacau, um mínimo de manteiga de cacau, pouco açúcar e pequena quantidade ou nada de leite. O sabor peculiar se deve à maior quantidade de massa do fruto do cacaueiro.

Chocolate Meio Amargo

Semelhante ao amargo, também é escuro e brilhante devido ao alto teor de massa de cacau. Possui um pouco mais de açúcar. Podemos acrescentar outros ingredientes como castanhas, nozes, amêndoas, avelãs, etc.

Chocolate ao Leite

É misturado com leite, mais doce e mais claro. Licor e manteiga de cacau, açúcar, leite, leite em pó ou leite condensado são alguns dos ingredientes que podem ser incluídos, formando uma massa de grande apreciação no mundo todo. Sem dúvida, é o mais consumido.

Chocolate Branco

Feito com manteiga de cacau e leite. Alguns até não o classificam como chocolate, pois, em sua composição, não encontramos a semente do cacau. Leva somente a manteiga do mesmo e lecitina (substância gordurosa presente em ovos e alimentos de origem vegetal, usada para preservar, emulsificar ou homogeneizar os alimentos).

Chocolate em Pó

O chocolate em pó resulta da castanha torrada e moída. Apresenta-se com uma pequena adição de açúcar e textura muito fina. É ideal para elaboração de bolos, pudins, caldas e outras delícias.

Achocolatado

Chocolate em pó acrescido de grande quantidade de açúcar, quantidade essa suficiente para ser adicionado ao leite. Pode ser utilizado também em preparações culinárias em geral.

Cacau em Pó

Semelhante ao chocolate em pó, também é resultante da castanha do cacau torrada e moída, mas não recebe açúcar em sua composição, apresentando um sabor levemente amargo. Ideal para prepararmos receitas sem a adição de açúcar.

Tipos de gordura

Os chocolates também podem ser classificados em função dos diferentes tipos de gordura utilizados em sua produção. Dessa forma, são classificados em:

Nobre

Contém alto percentual de manteiga de cacau, característica essa que lhe confere a denominação de chocolate. Para garantir a facilidade de manuseio, o brilho e uma textura que derreta na boca, deve passar pelo processo de temperagem antes de ser utilizado. Pode ser encontrado nas versões ao leite, meio amargo, amargo, extra-amargo, blend (mistura de ao leite com meio amargo) e branco.

Hidrogenado

Cobertura que se assemelha ao chocolate, em que a gordura vegetal hidrogenada substitui a manteiga de cacau. É mais resistente ao calor e não necessita passar pelo processo de temperagem. Por conter gordura vegetal hidrogenada, torna-se mais fluido, facilitando decorações em trabalhos mais elaborados de confeitaria como, por exemplo, cobertura de bolos, biscoitos e sorvetes.

Fracionado

É uma cobertura de sabor semelhante ao chocolate, composta por gordura vegetal de palma, cuja estrutura se assemelha à manteiga de cacau. A gordura vegetal de palma é mais resistente ao calor, por isso não necessita de temperagem.

Consumo diário

Como podemos observar na tabela a seguir, o chocolate possui em sua composição grandes quantidades de gordura e açúcar, sendo, portanto, um alimento com teor calórico elevado. Porém, nele também encontramos nutrientes importantes para a saúde, como vitaminas e minerais.

O consumo recomendado de chocolate é de, no máximo, 30g por dia, lembrando que, principalmente os indivíduos com sobrepeso ou obesidade devem ficar atentos ao consumo.

Nutrientes encontrados em 100g

	Chocolate amargo	Chocolate meio amargo	Chocolate ao leite	Chocolate branco
Calorias (kcal)	615	475	540	544
Proteínas (g)	5,50	4,9	7,2	3,2
Lipídios (g)	52,90	29,9	30,3	31,2
Carboidratos (g)	29,30	62,4	59,6	60,0
Fibras (g)	–	4,9	2,2	–
Cálcio (mg)	98	45	191	–
Fósforo (mg)	446	220	212	–
Ferro (mg)	4,40	3,6	1,6	–

	Chocolate em pó	Achocolatado	Cacau em pó
Calorias (kcal)	362	401	229
Proteínas (g)	11,7	4,2	19,6
Lipídios (g)	33,5	2,2	13,7
Carboidratos (g)	45,3	91,2	54,29
Fibras (g)	2,4	3,9	33,20
Cálcio (mg)	70	44	128
Fósforo (mg)	387	200	–
Ferro (mg)	7,5	5,4	13,86

Preparando o chocolate

Derretimento

Técnica utilizada para derreter os diversos tipos de chocolate. Pique o chocolate e derreta-o, escolhendo um dos seguintes modos:

Derretedeira | Coloque o chocolate picado na derretedeira, a uma temperatura de 45ºC a 50ºC.

Micro-ondas | Prefira um refratário redondo e alto. Derreta o chocolate em potência média, por um minuto. Mexa bem o chocolate e leve-o de volta ao micro-ondas por mais um minuto. Mexa novamente. Repita o processo até que o chocolate esteja totalmente derretido.

Banho-maria | Leve ao fogo uma vasilha com água até atingir uma temperatura entre 50ºC e 60ºC (temperatura suportável ao contato da mão). Desligue o fogo e espere que o vapor desapareça. Em seguida, coloque dentro da vasilha o recipiente (preferencialmente de inox ou vidro) com o chocolate picado, até que derreta, misturando para que fique homogêneo.

Vapor | Escolha um refratário que se encaixe perfeitamente na panela, para vedar a passagem de vapor para o chocolate. Coloque água em quantidade que não molhe o fundo do refratário. Coloque o chocolate picado dentro do refratário e, em seguida, leve ao fogo sem deixar ferver, mexendo para que o chocolate derreta por igual. Desligue o fogo e mexa até que o chocolate derreta por completo, aproveitando o calor da mistura.

Temperar (pré-cristalizar) e Moldar o Chocolate

Existem vários métodos. Cada qual com suas vantagens e desvantagens, dependendo das circunstâncias. Três pontos são importantes: tempo, movimento e temperatura.

Utilizando pedra de mármore
• O chocolate derretido é despejado sobre a mesa de mármore e misturado com o auxílio de duas espátulas, até obter uma temperatura de cerca de 28ºC, favorecendo a formação dos cristais estáveis.

Utilizando água fria
• Coloque água fria em um recipiente e, em outro, o chocolate derretido.
• Encaixe o refratário de chocolate no de água fria.
• Faça movimentos constantes no chocolate para que alcance a temperatura desejada.
• Nunca utilize pedras de gelo.

Dicas para desenformar

O chocolate estará pronto para ser desenformado quando sua forma estiver totalmente opaca (embaçada). Não force a forma para não manchar ou estragar o chocolate.

Após desenformar, o chocolate passa por um processo de cristalização, que dura entre 6 e 8 horas. Por isso, é recomendável colocar o chocolate sobre um papel toalha, para que o mesmo absorva a gordura e seque por completo.

Formando raspas grandes e canudos para cobertura

Método I

1. Coloque o bloco de cobertura sobre a mesa e pegue uma faca de lâmina comprida, flexível, pouco curva e não serrilhada.

2. Segure o cabo da faca com a mão direita e a extremidade dela com a mão esquerda.

3. Coloque a lâmina da faca verticalmente sobre a borda do bloco de cobertura que está mais afastada de você.

4. Incline a parte de cima da lâmina ligeiramente para frente, fazendo pressão sobre a cobertura e puxando a faca em sua direção.

5. Como a lâmina da faca é flexível ela se curvará, facilitando a formação de raspas e canudos.

6. Também é possível utilizar um cortador de queijos e frios. Mas os canudos ficarão bem mais curtos do que aqueles feitos com a faca, ou com utensílio próprio para fazer raspas (raspador de chocolate meia-lua).

Método II

1. Despeje uma pequena porção de massa de chocolate temperado ou cobertura fracionada sobre a mesa de trabalho.

2. Espalhe com a espátula, formando uma camada bem fina e deixe esfriar, sem secar totalmente. A massa estará pronta quando não aparecerem marcas ao passar o dedo sobre ela.

3. Com uma espátula triangular e numa inclinação de 45º, levante a camada de massa de modo a formar canudos ou raspas de chocolate.

Formando raspas pequenas

1. Pegue um pedaço de cobertura com uma das mãos. Com a outra, segure uma faca pequena, pouco curva e não serrilhada. A lâmina deverá ser colocada verticalmente sobre esse pedaço de cobertura.

2. Com movimentos idênticos ao de quem aponta um lápis com estilete (de cima para baixo), passe repetidamente a lâmina sobre a cobertura. Como resultado, você irá obter pedaços finos (flocos) de cobertura. Também pode ser utilizado um ralador ou descascador de legumes.

CUIDADOS ESPECIAIS

• Ao preparar o chocolate, não deixe que este entre em contato com nenhuma forma de umidade (vapor ou água).

• A temperatura do banho-maria não deve ultrapassar 60ºC, para que não haja condensação de água no chocolate.

• Caso o chocolate esfrie e fique espesso, retorne ao aquecimento, repetindo a operação.

• A temperatura dos recheios e formas deve ser a mais próxima possível da temperatura do chocolate.

• Não utilize recheios muito gordurosos ou úmidos, para evitar manchas ou perda de brilho no chocolate.

• Se possível, utilize um termômetro em todas as fases do preparo, pois a diferença de 2ºC a 3ºC, para mais ou para menos, pode alterar o produto final.

• O uso do forno de micro-ondas exige cautela. Se houver um aquecimento elevado, pode afetar a estrutura do chocolate.

• As mesas de inox e fórmica só devem ser utilizadas para pequenas quantidades de chocolate, pois aquecem rapidamente.

• O produto pronto e embalado deve ser armazenado a uma temperatura entre 18ºC e 22ºC, num ambiente de umidade relativa entre 45% e 65% (valores ideais). Assim, pode-se evitar o aparecimento de manchas esbranquiçadas ou escuras, chamadas "fat bloom" (migração de gorduras para a superfície do chocolate) e "sugar bloom" (migração de açúcar).

• O chocolate absorve odores externos com facilidade. Portanto, deve ser mantido longe de produtos de limpeza e higiene, ração para animais, queijos e temperos.

• O chocolate também deve ficar distante de farinhas e cereais, para evitar a infestação de insetos (ex.: carunchos).

• Depois de seco, o bombom não deve retornar à geladeira, para que não fique com manchas esbranquiçadas.

• Para que as condições de trabalho sejam as melhores possíveis, mantenha uma temperatura ambiente próxima a 20ºC.

• Todos os utensílios a serem utilizados devem estar bem secos.

• Ao lavar as formas, é necessário usar água morna com um pouco de detergente, para eliminar a gordura residual.

• Não utilize esponja de aço ou similares ao lavar as formas. Elas podem riscar, o que deixará o chocolate opaco após o preparo.

• Conserve as formas bem secas e embaladas em sacos plásticos limpos. Não as exponha ao sol.

Bombons por Imersão

Como cobrir ou banhar os bombons:

1. Prepare a massa de chocolate, conforme as instruções de temperagem.

2. Modele o recheio no formato desejado e mergulhe-o no chocolate, com o auxílio de um garfo próprio.

3. Retire o excesso, batendo levemente o garfo na borda do recipiente que contém o chocolate.

4. Coloque os bombons sobre o papel-manteiga ou confeitos e leve-os à geladeira para endurecer.

BOMBONS MOLDADOS

São todos os chocolates colocados em formas, conhecidas como moldes. Os bombons são divididos em:

Maciços | Feitos somente com o chocolate.
Com adição | Nos quais se acrescenta algum ingrediente.
Recheados | Que possuem recheios líquidos ou cremosos.

Ovos de Páscoa

Os ovos de Páscoa têm origem ligada às festividades pagãs do período anterior à Era Cristã.

Presenteavam-se a pessoas queridas com ovos naturais, pintados e enfeitados na chegada da primavera. Desse modo, saudava-se a Mãe Natureza, reverenciando a fertilidade e a renovação da vida.

Com a descoberta da América e a disseminação do uso de chocolate na Europa, os ovos naturais deram lugar aos ovos de chocolate, que se tornaram símbolo da Páscoa.

Trufas

A trufa de chocolate recebe este nome em analogia à trufa (cogumelo), que possui um sabor refinado e muito utilizado na requintada gastronomia de alguns países da Europa.

Na França, as pessoas se presenteavam com trufas de chocolate em épocas especiais, como o Natal. A partir daí, elas ganharam destaque como acompanhamento de cafés, ou mesmo como sobremesas.

Elaboradas com chocolate e creme de leite, as trufas são de fácil preparo e, quando acrescidas de outros ingredientes, como licores e frutas, ganham novos sabores.

Com sua imaginação, você pode valorizar ainda mais a apresentação, variando formatos e embalagens.

Utilização de Frutas Secas

Amêndoa | Levar para ferver com água para retirar a película e depois secá-la.

Avelã e amendoim | Devem ser torrados.

Nozes | Ligar o forno na temperatura máxima e deixar esquentar por 10 minutos; desligar e colocar as nozes.

Dicas:

• Trufas com damasco, por ser azedo, ficam melhores com chocolate branco, que é mais doce. O mesmo vale para qualquer outra fruta cítrica.

• Quando fizer a bolinha e ficar mole, é porque utilizou muito líquido e pouco chocolate. Derreta novamente em banho-maria e acrescente mais chocolate.

• Quando ficar muito seca é porque faltou líquido. Derreta novamente e acrescente mais líquido.

• Quando não quiser colocar bebida alcoólica, pode-se utilizar essência, mel, ou glucose de milho, dará mais viscosidade à massa.

DURABILIDADE

As trufas, por conterem tradicionalmente creme de leite em sua composição, têm validade curta. São bastante sensíveis e devem ser guardadas por pouco tempo ou consumidas rapidamente.

Acompanhe a tabela de duração:

Trufas com leite UHT	7 dias
Trufas com creme de leite pasteurizado	de 10 a 15 dias
Trufas com creme de leite fresco	máximo de 5 dias
Trufas com creme de leite de origem vegetal	30 dias
Trufas com frutas frescas e/ou suco de frutas	3 dias

EMBALAGEM

...MAIS QUE APRESENTAÇÃO

Após o tempo de cristalização, o chocolate pode ser embalado. Porém, não pode ser tocado com as mãos úmidas ou quentes. O processo de embalagem é importante porque ajuda a manter a qualidade do chocolate, além de valorizá-lo com o uso de papéis coloridos próprios para embalagem.

PAPEL APROPRIADO:
Papel Chumbo

EVITE:
Papel Alumínio
(retém calor)

Receitas e técnicas de preparo

Bombom Simples

INGREDIENTES
Chocolate em barra de sua preferência (branco, amargo, meio amargo, ao leite, blend, etc.)

MODO DE PREPARO
Derreta o chocolate e faça a temperagem. Disponha o chocolate em formas para bombom (formato e tamanho de sua escolha), preenchendo-as por completo. Dê suaves toques na forma sobre a mesa, para retirar as bolhas de ar, acomodando melhor o chocolate. Retire o excesso com uma espátula e leve à geladeira para endurecer, até que o fundo fique esbranquiçado. Desenforme sobre papel-manteiga e aguarde de 6 a 8 horas para embalar.

Bombom Crocante

INGREDIENTES
500 g de chocolate ao leite ou branco
200 g de crocante (flocos de arroz, amendoim, castanhas, passas ou castanhas caramelizadas)

MODO DE PREPARO
Derreta o chocolate e faça a temperagem. Reserve 100g. Preencha as formas por completo, esvazie e deixe formar uma fina casca. Acrescente o crocante no restante do chocolate e misture bem. Disponha essa mistura nas formas para bombom, preenchendo-as por completo. Dê suaves toques na forma sobre a mesa para retirar as bolhas de ar, acomodando o chocolate. Retire o excesso e leve à geladeira para endurecer (fundo esbranquiçado). Desenforme sobre papel-manteiga e aguarde de 6 a 8 horas para embalar.

Castanhas Caramelizadas

INGREDIENTES
250 g de açúcar
1 copo (tipo americano) de água
1 colher (chá) de margarina sem sal
2 colheres (sopa) de castanhas

MODO DE PREPARO
Em uma panela, dissolva o açúcar com a água. Leve ao fogo até escurecer. Acrescente a margarina e as castanhas e mexa até secar um pouco. Despeje a mistura da panela sobre o mármore untado com margarina sem sal e aguarde esfriar. Coloque em um saco plástico e aperte para triturar.

DICA: Se for utilizar passas, pique-as e umedeça-as com rum. Utilize colheres para moldar os bombons.

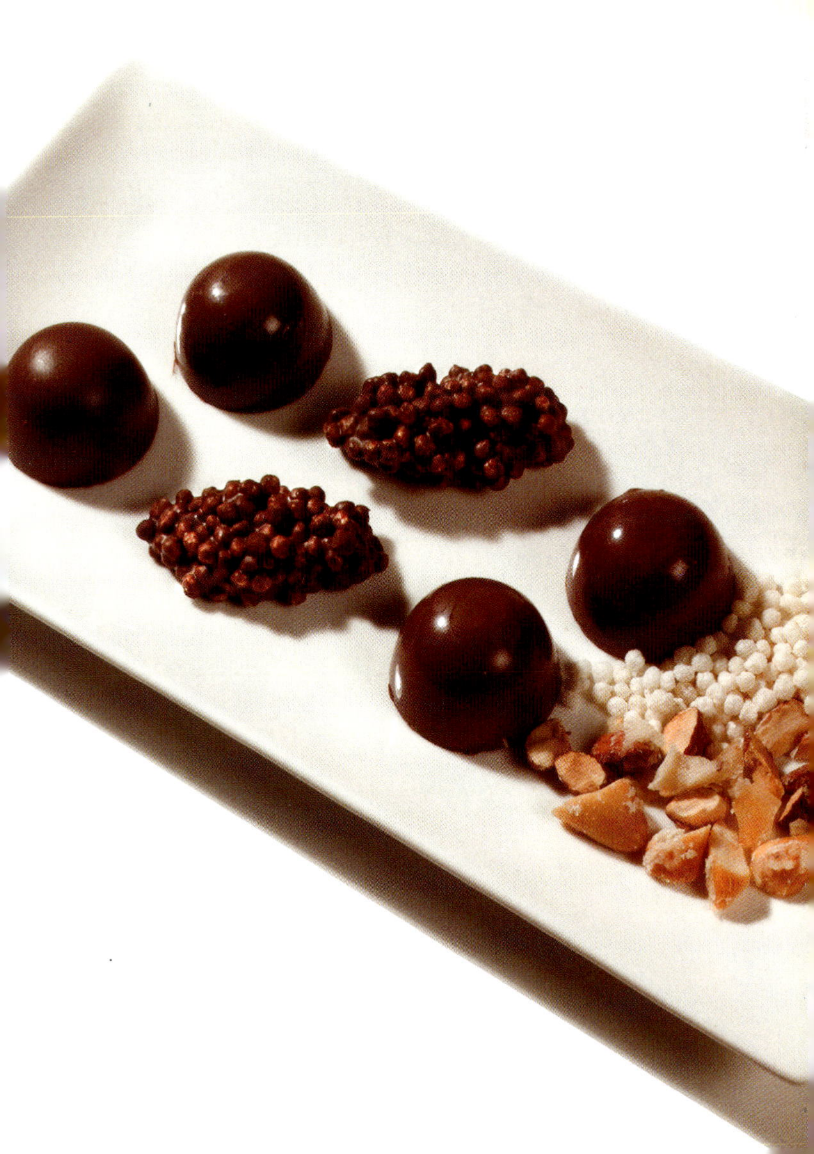

BOMBOM COM AVELÃ

INGREDIENTES
1 lata de doce de leite
½ xícara de (chá) de avelãs moídas
400 g de chocolate ao leite para fazer a casca

MODO DE PREPARO
Misture o doce de leite com as avelãs até formar uma massa. Faça a casca com duas camadas de chocolate em forma para bombom. Coloque o recheio e cubra com chocolate. Deixe endurecer e desenforme.

TEMPO DE PREPARO: 1H30   RENDIMENTO: 30 UNIDADES

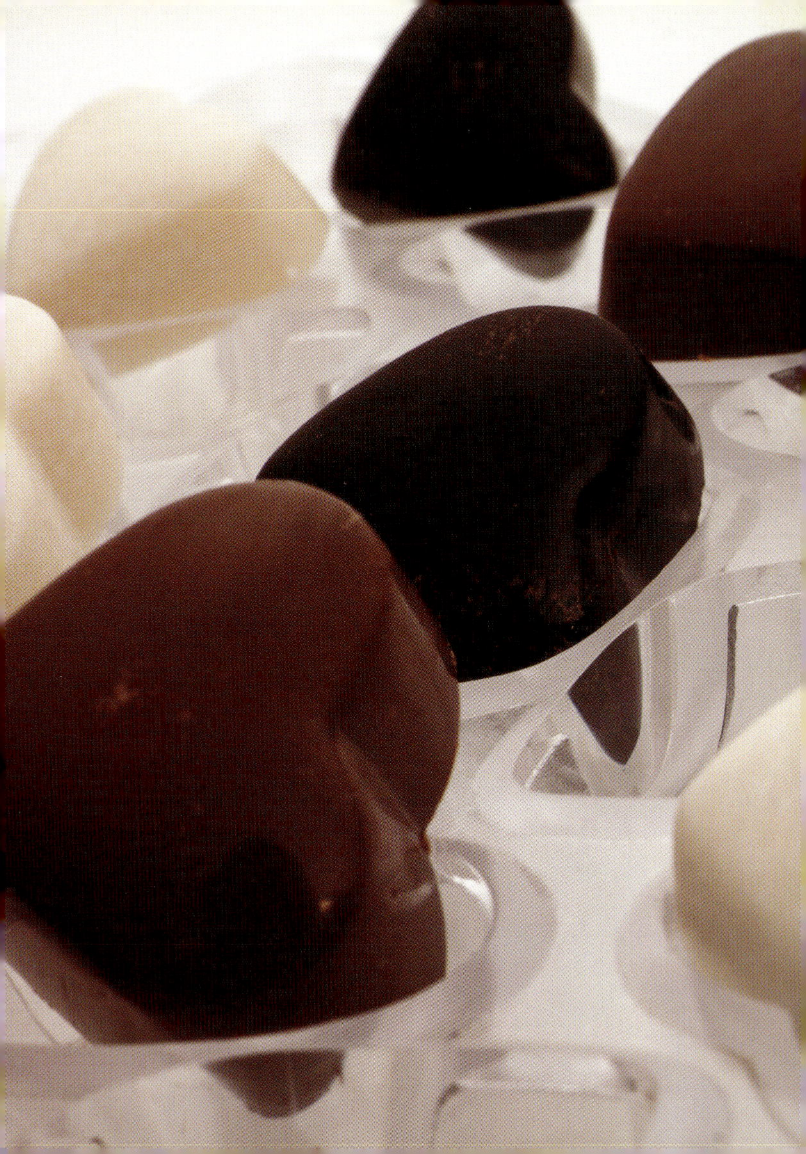

Bombom de Licor

INGREDIENTES
Chocolate em barra de sua preferência (branco, amargo, meio amargo, ao leite, blend, etc.)
Gotas de licor variadas

MODO DE PREPARO
Derreta o chocolate e faça a temperagem.
Disponha o chocolate em formas para bombom em formato próprio, conforme a foto. Dispense o excesso e deixe endurecer formando uma camada fina. Preencha metade da forma, coloque a gota e termine de preencher até a superfície.
Retire o excesso de chocolate da superfície e elimine as bolhas de ar com leves toques na forma sobre a mesa. Leve para endurecer. Desenforme sobre papel-manteiga e aguarde de 6 a 8 horas para embalar.

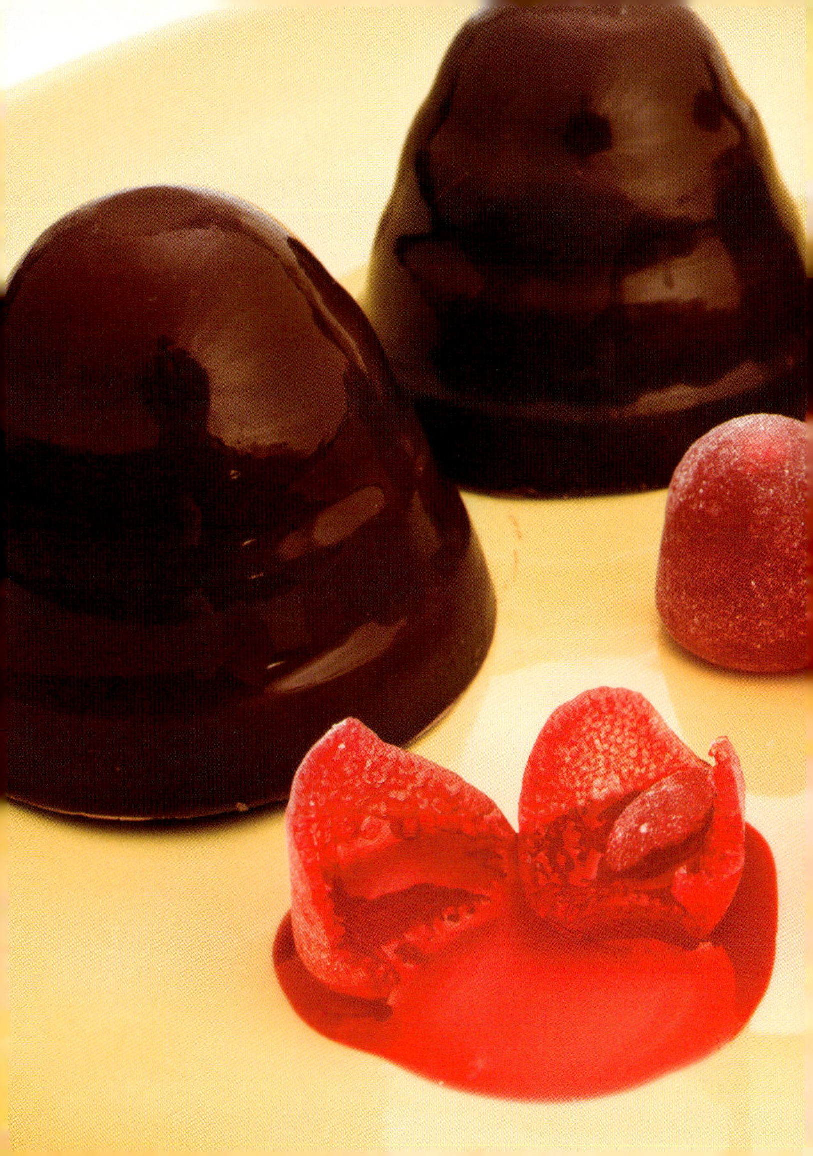

BOMBOM BANHADO

INGREDIENTES
1 lata de leite condensado
1 colher (sopa) de margarina sem sal
2 xícaras (chá) de nozes trituradas
300 g de chocolate para banhar

MODO DE PREPARO
Leve ao fogo o leite condensado, a margarina e as nozes. Mexa sem parar, até que engrosse e ganhe ponto de enrolar. Deixe esfriar e faça bolinhas. Banhe no chocolate.

DICA: Substitua as nozes por castanha do Brasil, castanha de caju, amendoim, amêndoas, coco, avelãs, etc. Ao banhar os bombons, coloque-os sobre confeitos diversos conforme as fotos, ou deixe endurecer normalmente. Prefira chocolate fracionado.

TEMPO DE PREPARO: 1H30   RENDIMENTO: 40 UNIDADES

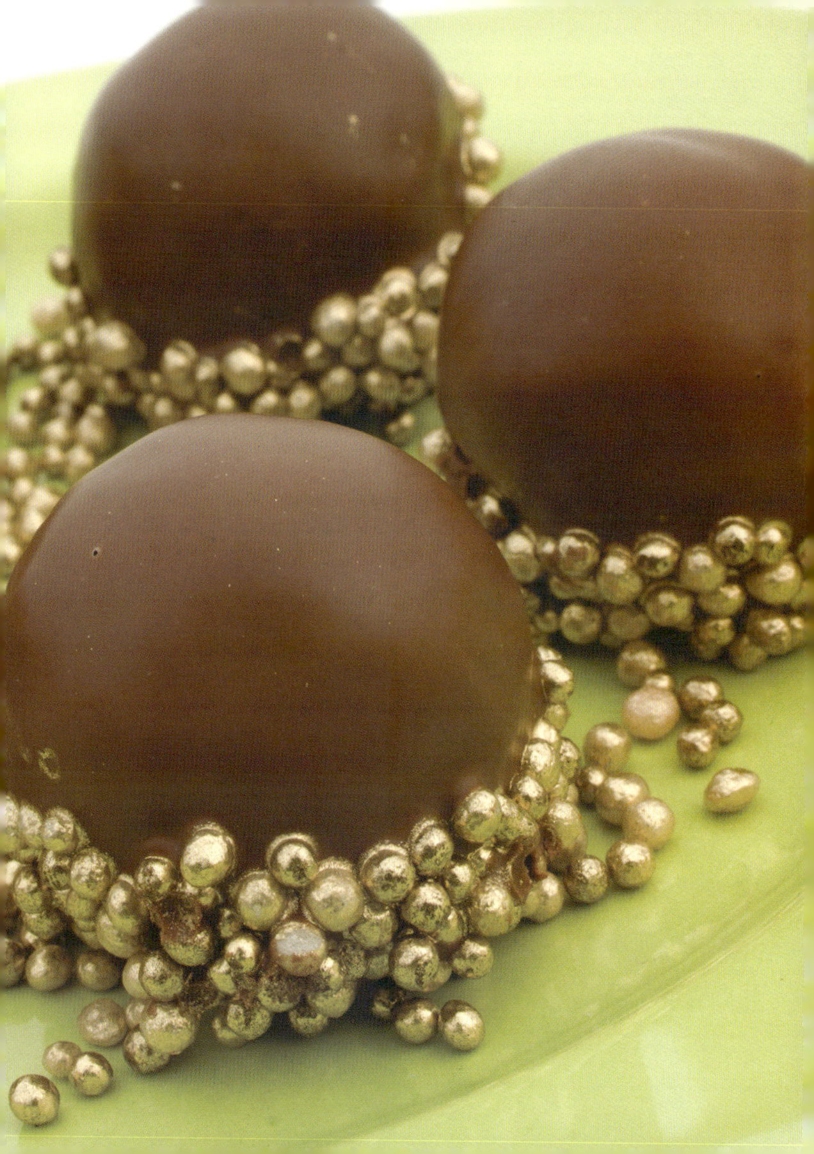

Bombom de Coco

INGREDIENTES
Massa
2 xícaras (chá) de leite em pó
2 xícaras (chá) de chocolate em pó
Leite condensado (o suficiente para dar ponto)
Recheio
100 g de coco ralado
Leite condensado (até dar ponto)
Cobertura
300 g de chocolate ao leite ou meio amargo

MODO DE PREPARO
Misture os ingredientes da massa até ficarem homogêneos. Em um recipiente, misture os ingredientes do recheio e forme uma pasta. Divida a massa em duas partes. Abra uma parte e espalhe o recheio; abra a outra parte e coloque por cima. Leve à geladeira para endurecer. Retire os bombons da geladeira e deixe-os descansar por 6 a 8 horas. Só depois os embale.

DICA: Com o chocolate ao leite, faça uma casca em forminha própria para esse tipo de bombom, coloque a massa recheada e complete com o chocolate. Leve à geladeira e deixe endurecer.

TEMPO DE PREPARO: 1H30   RENDIMENTO: 20 UNIDADES

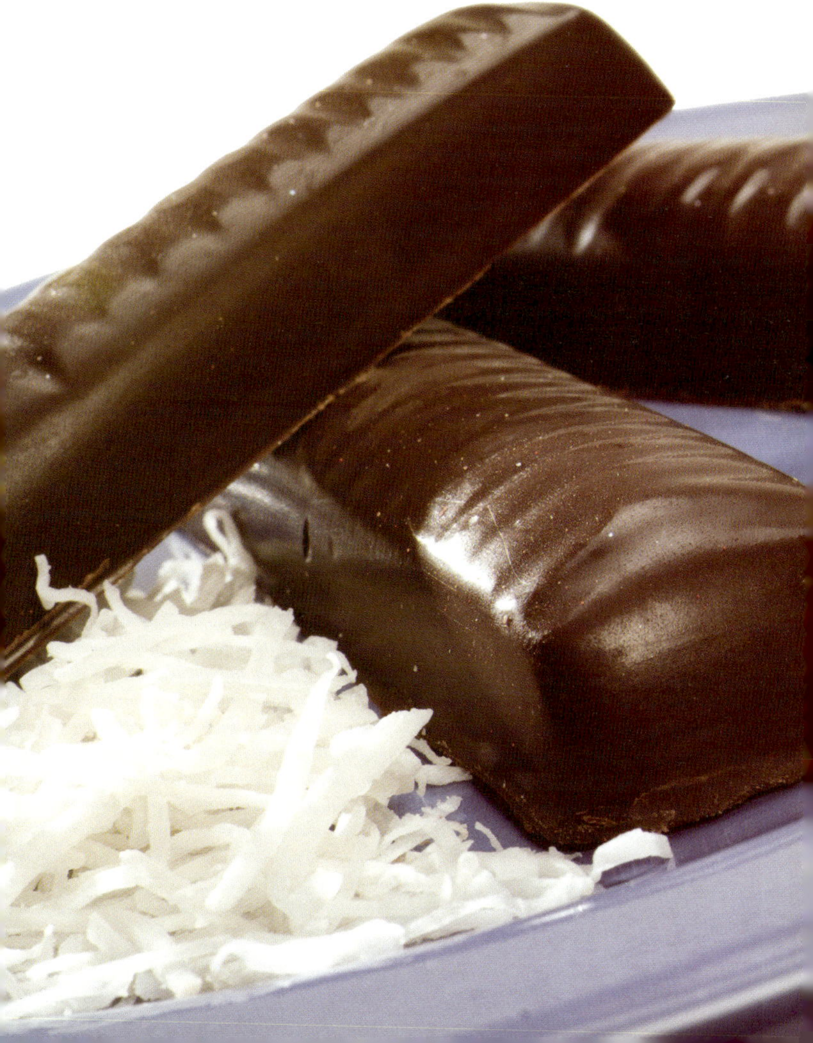

Trufa Tradicional

INGREDIENTES
1 lata de creme de leite sem soro
500 g de chocolate ao leite (ou meio amargo)
1 colher (sopa) de mel ou glucose de milho
1 colher (sopa) de conhaque

Cobertura
Cobertura fracionada sabor chocolate meio amargo
Cacau em pó ou chocolate em pó

MODO DE PREPARO
Aqueça o creme de leite no vapor. Acrescente o chocolate picado e mexa até derretê-lo por completo. Adicione a glucose (ou o mel) e mexa, até obter um creme homogêneo. Acrescente o conhaque, misturando delicadamente. Leve à geladeira para endurecer (aproximadamente 2 horas). Modele as trufas e banhe-as na cobertura fracionada. Deixe-as sobre o papel manteiga até endurecer completamente, em temperatura ambiente. Passe as trufas no chocolate em pó ou cacau em pó. Se quiser embalar, aguarde 2 a 4 horas.

DICA: Para fazer a trufa tradicional branca, substitua o chocolate ao leite por chocolate branco.

TEMPO DE PREPARO: 3 HORAS   RENDIMENTO: 50 UNIDADES

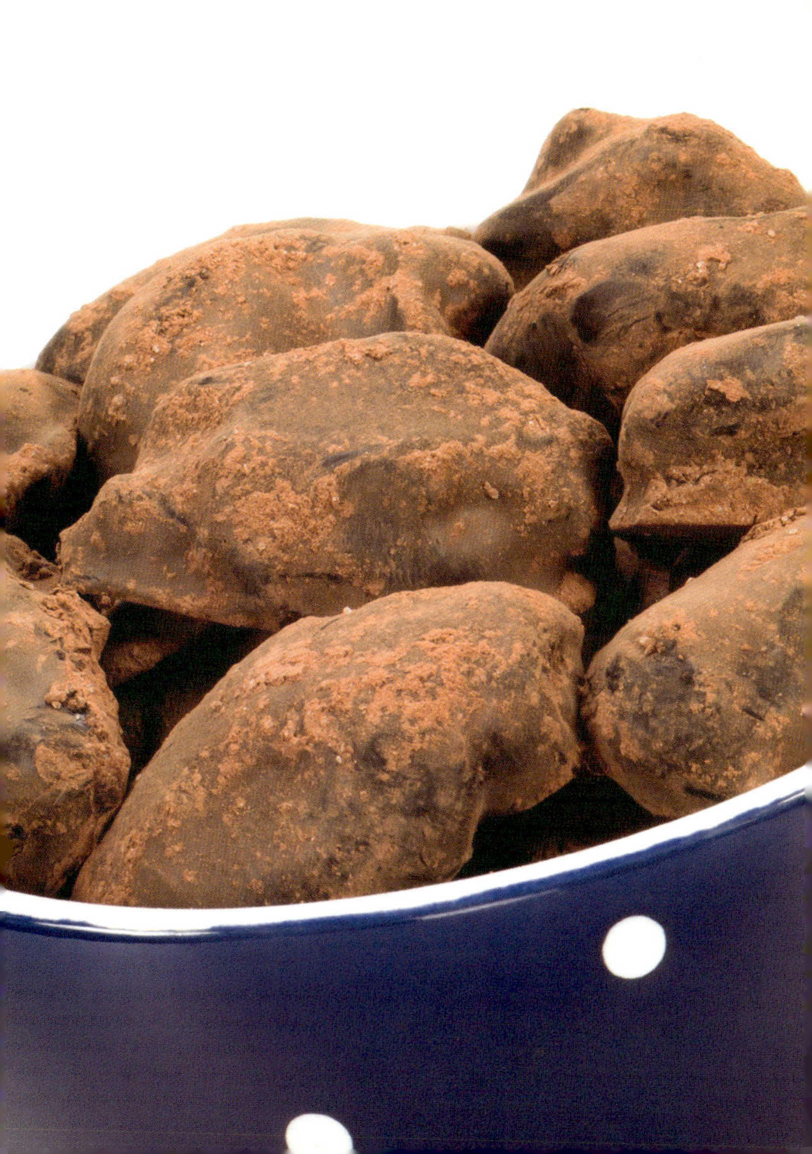

Trufa com frutas

INGREDIENTES

Uma receita de trufa tradicional pronta para banhar 150 g de frutas secas e castanhas: damasco, amêndoa, castanha de caju, uva passa, pistache, castanha do Brasil, nozes, etc.

MODO DE PREPARO

Molde as trufas com o auxílio de duas colheres e banhe na cobertura de chocolate. Disponha sobre papel-manteiga e distribua as frutas, conforme a foto. Deixe sobre o papel-manteiga até endurecer completamente, em temperatura ambiente. Caso deseje embalar, aguarde de 2 a 4 horas.

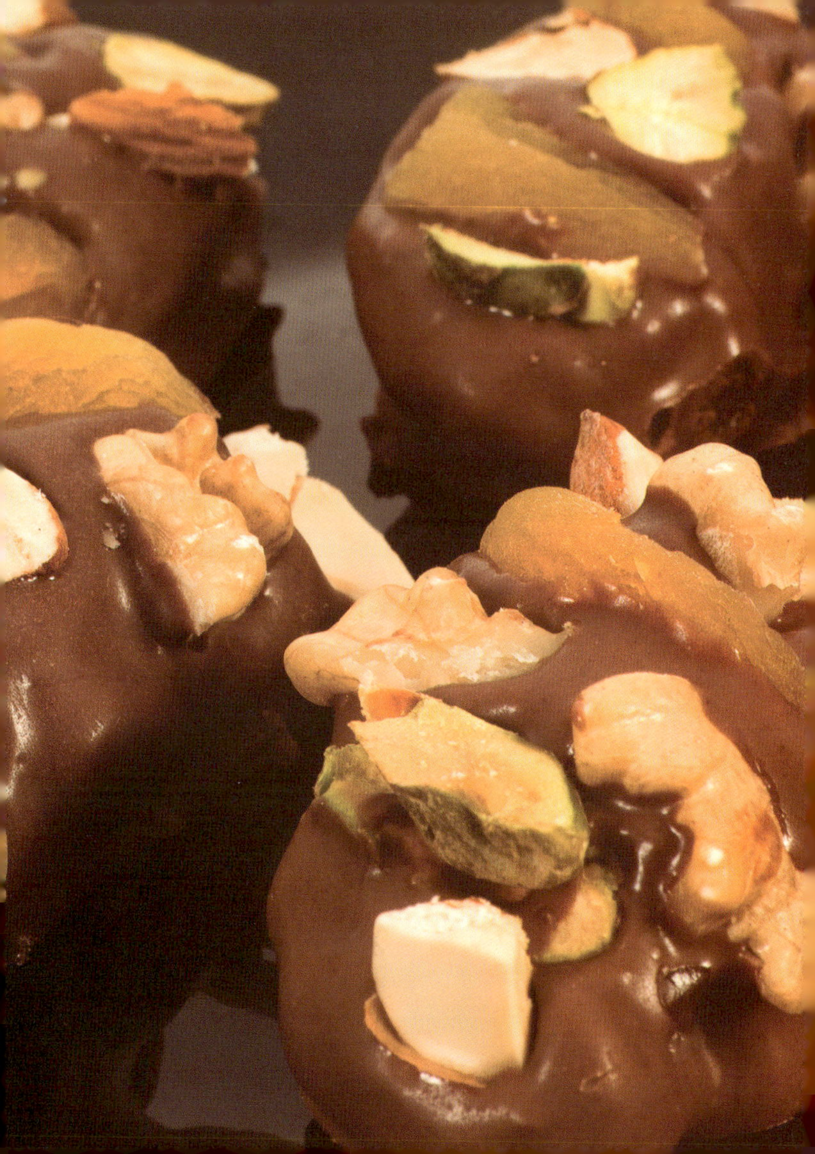

Trufa de Menta

INGREDIENTES

250 g de chocolate ao leite picado
½ xícara (chá) de creme de leite sem soro
1 ½ colher (sopa) de mel
1 colher (sopa) de margarina sem sal
10 gotas de essência de menta
300 g de chocolate para as cascas

MODO DE PREPARO

Derreta o chocolate e misture os demais ingredientes, mexendo bem. Deixe esfriar.
Faça a casca de chocolate em forma própria para trufa, preencha com o recheio, feche com o chocolate e mantenha sob refrigeração. Desenforme e deixe em temperatura ambiente por 6 horas antes de embalar.

DICA: Polvilhe *glitter* próprio para alimento para dar um efeito atrativo.

TEMPO DE PREPARO: 3 HORAS RENDIMENTO: 20 PORÇÕES

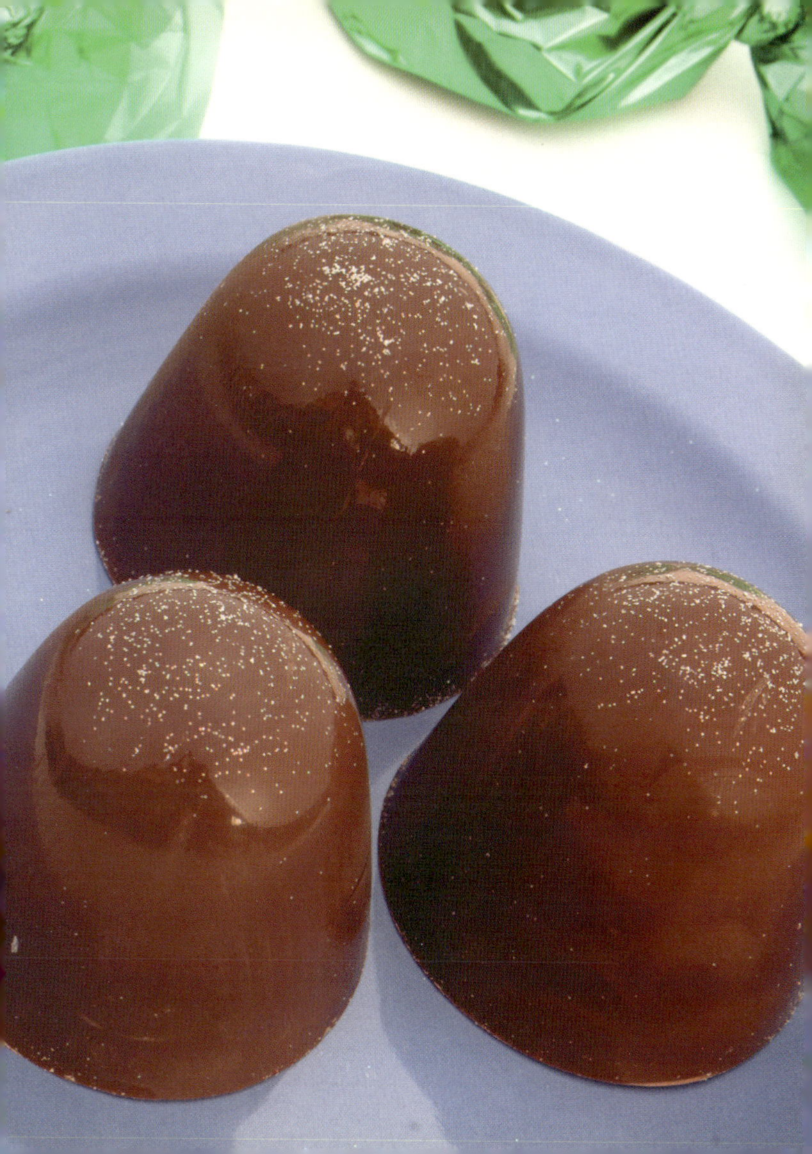

Trufa de Castanha de Caju no Copo

INGREDIENTES
1 lata de creme de leite sem soro
500 g de chocolate ao leite
1 colher (sopa) de mel ou glucose de milho
1 xícara (chá) de castanha de caju triturada ou amêndoas
1 colher (sopa) de conhaque
Cobertura
Castanha de caju triturada

MODO DE PREPARO
Aqueça o creme de leite com o chocolate picado e mexa, até derreter por completo. Acrescente a glucose ou mel e mexa, para obter um creme homogêneo. Adicione as castanhas moídas. Misture bem. Acrescente então o conhaque, misturando delicadamente. Coloque em copos ou taças e leve à geladeira para endurecer (aproximadamente 2 horas).

DICA: Para fazer bicolor, utilize a mesma receita, substituindo o chocolate ao leite pelo chocolate branco. Decore com castanhas inteiras ou trituradas.

TEMPO DE PREPARO: 3 HORAS   RENDIMENTO: 30 PORÇÕES

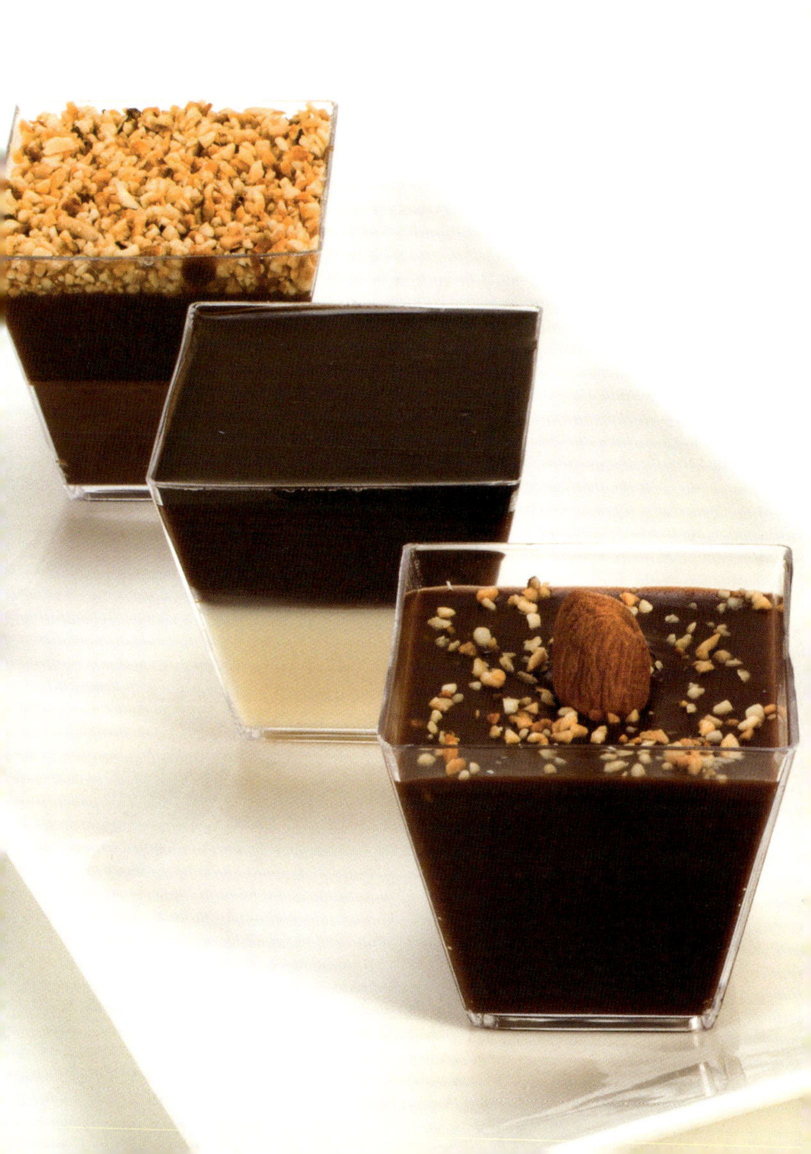

Trufa de Morango

INGREDIENTES
Recheio
10 morangos grandes
2 colheres (sopa) de açúcar
500 g de chocolate branco
6 colheres (sopa) de creme de leite
1 colher (sobremesa) de essência de morango
Cobertura
300 g de chocolate meio amargo

MODO DE PREPARO
Pique os morangos, junte o açúcar e leve ao fogo por 5 minutos. Reserve. Derreta o chocolate branco em banho-maria. Acrescente o creme de leite, a essência e a geleia de morango reservada. Deixe esfriar. Derreta o chocolate meio amargo e faça uma casquinha nas formas para trufas. Leve à geladeira para endurecer. Preencha o interior da forma (já com a casquinha dura) com recheio. Feche com o restante do chocolate meio amargo. Leve à geladeira até soltar do fundo da forma. Desenforme as trufas sobre o papel-manteiga e deixe em temperatura ambiente de 4 a 6 horas antes de embalar.

TEMPO DE PREPARO: 2 HORAS   RENDIMENTO: 20 UNIDADES

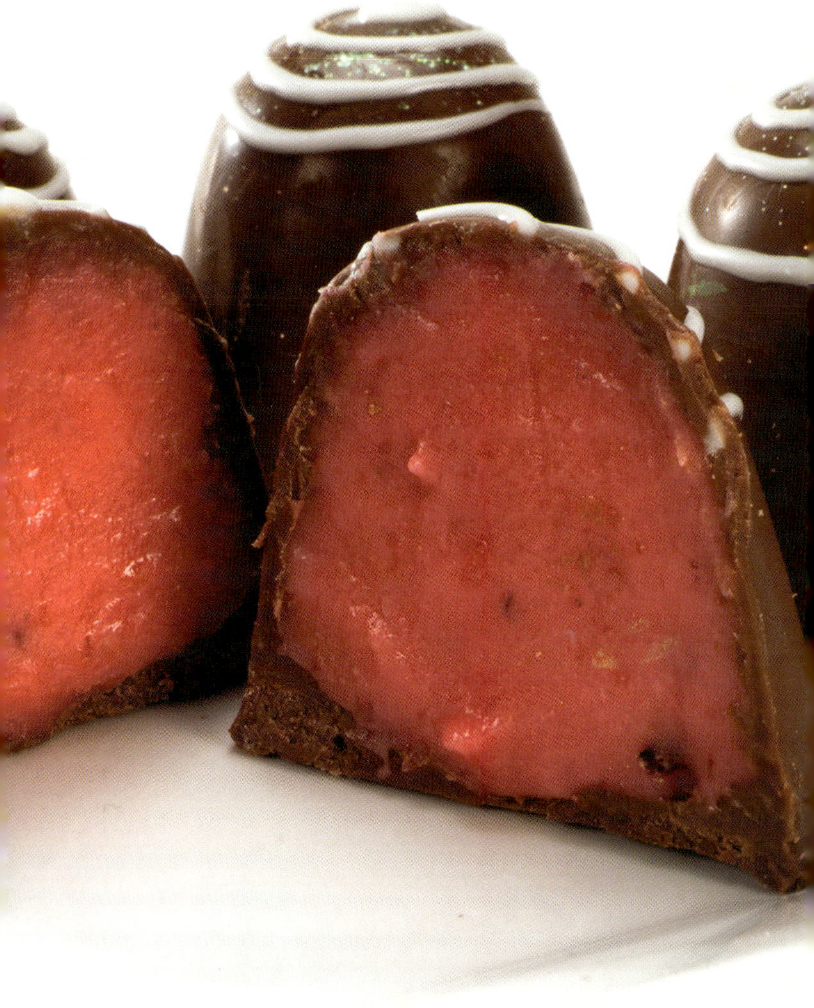

Trufa no Palito

INGREDIENTES
1 receita de trufa tradicional ou de sua preferência
Cobertura
Cobertura fracionada sabor chocolate ao leite, meio amargo ou branco
Confeitos diversos

MODO DE PREPARO
Prepare a trufa e deixe gelar, até obter consistência para modelar. Faça bolinhas, espete em palito para pirulito e leve à geladeira por 1 hora. Banhe na cobertura fracionada derretida, decore com confeitos diversos e aguarde secar por 2 a 4 horas. Embale em saco de celofane.

TEMPO DE PREPARO: 4 HORAS   RENDIMENTO: 50 UNIDADES

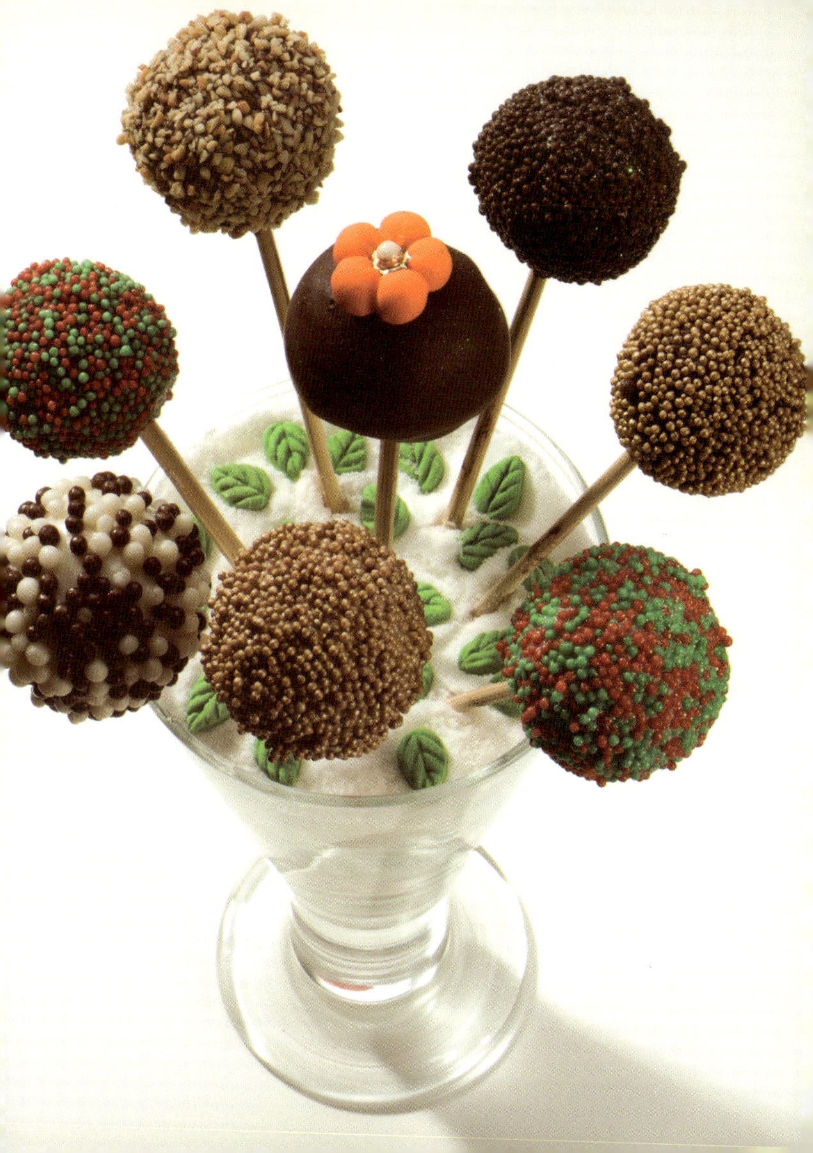

Cone Trufado

INGREDIENTES
500 g de chocolate meio amargo, ao leite ou branco
15 casquinhas para sorvete
Recheio
500 g de chocolate ao leite ou meio amargo
1 lata de creme de leite
1 colher (sopa) de conhaque
1 colher (sopa) de glucose de milho

MODO DE PREPARO
Recheio – Derreta o chocolate, misture o creme de leite, o conhaque e a glucose. Leve para gelar por algumas horas. Reserve.
Casquinha – Derreta o chocolate fracionado, deixe esfriar um pouco, envolva a casquinha por dentro, retire o excesso e deixe secar.
Montagem – Recheie com a trufa os cones já banhados no interior com o chocolate. Cubra a borda com chocolate derretido. Decore com granulado, castanhas ou confeitos. Aguarde secar para embalar. Bastante atenção para que não pegue umidade, fazendo com que a casquinha perca a crocância.

DICA: As casquinhas podem ser banhas por dentro e por fora, conforme a foto.

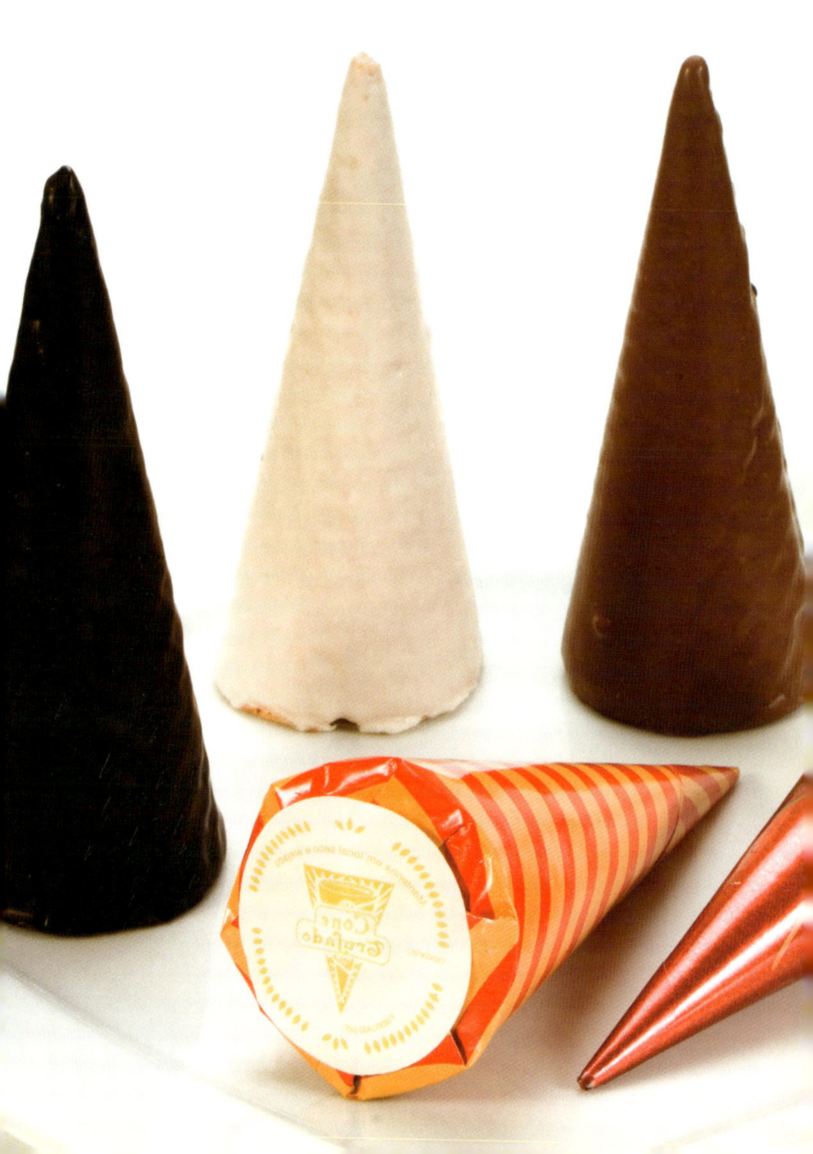

Torta Trufada de Limão

INGREDIENTES
250 g de creme de leite
600 g de chocolate branco
1 colher (sopa) de glucose de milho
½ xícara de (chá) de suco de limão
40 forminhas (base para canapé) redondas
Cobertura
500 g de chantili
Lascas de limão
MODO DE PREPARO
Aqueça o creme de leite, o chocolate picado e a glucose e mexa, até derretê-lo por completo. Junte o suco de limão e misture bem. Coloque nas forminhas e leve à geladeira para endurecer (aproximadamente 2 horas). Utilizando um saco para confeitar, distribua o chantili e decore com limão.

DICAS: Substitua o limão por maracujá. Coloque em um recipiente único, sem o uso de forminhas.

TEMPO DE PREPARO: 3 HORAS   RENDIMENTO: 40 UNIDADES

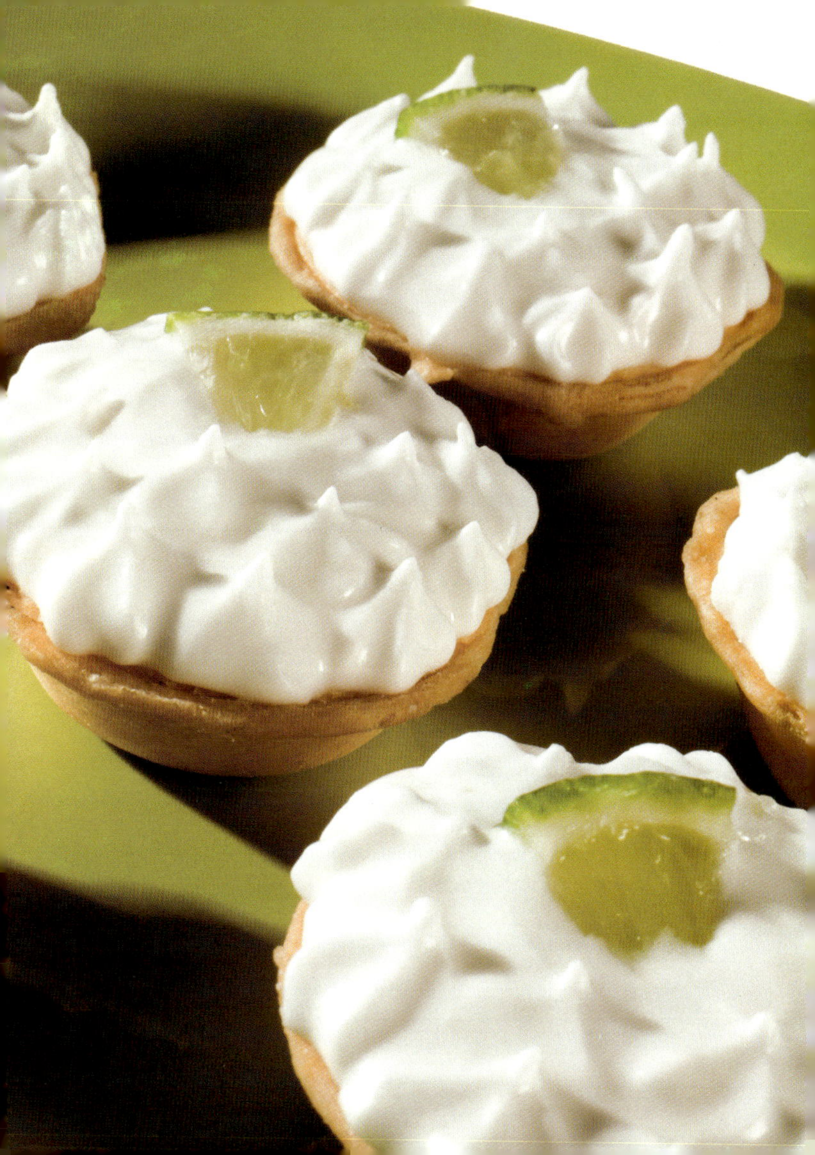

Pirulito Trufado

INGREDIENTES
200 g de bolachas redondas ou placas de *wafer*
Trufa
500 g de chocolate ao leite
1 lata de creme de leite
1 colher (sopa) de mel
1 colher (sopa) de conhaque
Cobertura
Cobertura fracionada sabor chocolate ao leite ou de sua preferência.

MODO DE PREPARO
Trufa – Derreta o chocolate e acrescente os demais ingredientes. Misture bem e leve para gelar.
Montagem – Corte as placas de *wafer* com o cortador redondo e una 2 a 2, recheando com a trufa, ou recheie as bolachas redondas, apertando-as bem. Banhe em cobertura fracionada sabor chocolate ao leite, ou outra de sua preferência, e coloque sobre papel-manteiga. Decore a gosto, utilizando confeitos ou chocolate. Após 2 a 4 horas, embale individualmente.

DICA: Quando for preparar exclusivamente para crianças, substitua o conhaque por calda de morango ou essência de sua preferência.

TEMPO DE PREPARO: 2 HORAS   RENDIMENTO: 40 UNIDADES

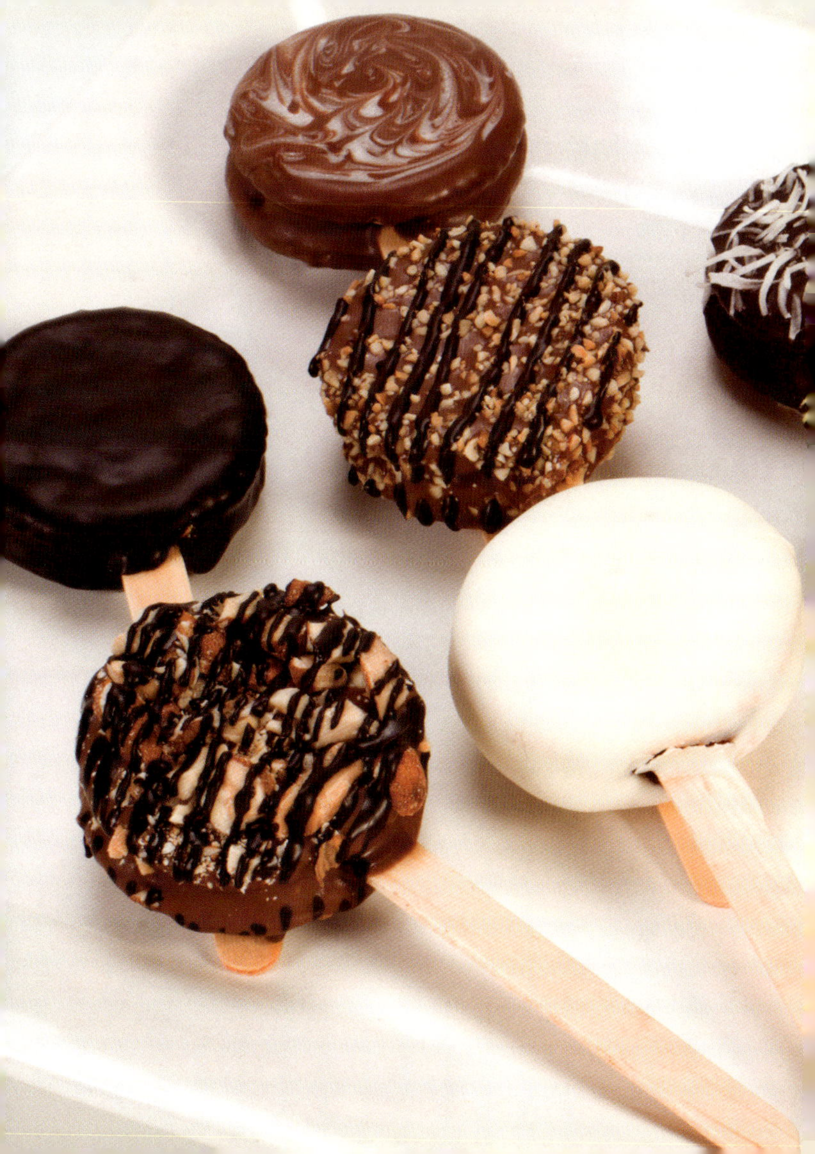

CREME DE CAFÉ

INGREDIENTES
Creme
400 g de chocolate ao leite
1 lata de creme de leite
2 colheres (sopa) de conhaque
1 xícara (chá) de chocolate em pó solúvel
3 colheres (sopa) de café solúvel instantâneo
Xícaras de chocolate
300 g de chocolate branco

MODO DE PREPARO
Derreta o chocolate em banho-maria. Acrescente o creme de leite, o conhaque e o chocolate em pó. Dissolva o café solúvel em uma colher (sopa) de água fervente, junte ao creme de chocolate e misture bem. Leve à geladeira para endurecer (aproximadamente 2 horas). Faça cascas em forma com formato de xícara ou copo, deixe endurecer e desenforme. Coloque o creme em saco de confeitar e preencha a xícara de chocolate. Decore a gosto.

OBSERVAÇÃO: Na foto, decoramos com um grão de café, feito com chocolate, e raspa de chocolate.

TEMPO DE PREPARO: 3 HORAS   RENDIMENTO: 20 UNIDADES

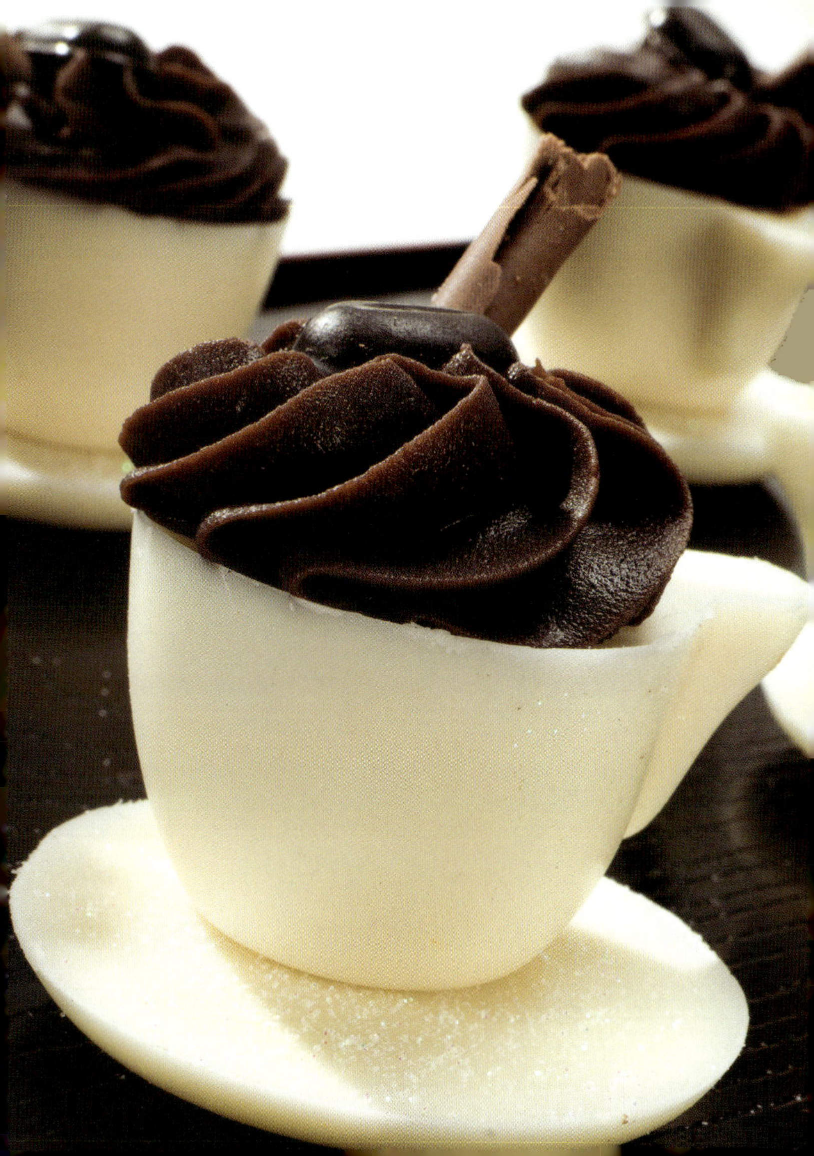

Palha Italiana

INGREDIENTES
1 lata de leite condensado
3 colheres (sopa) de chocolate em pó
1 colher (sopa) de margarina
100 g de bolacha doce picada (leite)

MODO DE PREPARO
Leve ao fogo baixo o leite condensado, o chocolate em pó e a margarina, mexendo sempre, até soltar do fundo da panela. Acrescente a bolacha picada e espalhe sobre um refratário.
Corte em pedaços e passe no açúcar de confeiteiro. Se preferir, banhe em chocolate ao leite temperado ou em cobertura fracionada.

TEMPO DE PREPARO: 1 HORA   RENDIMENTO: 20 PORÇÕES

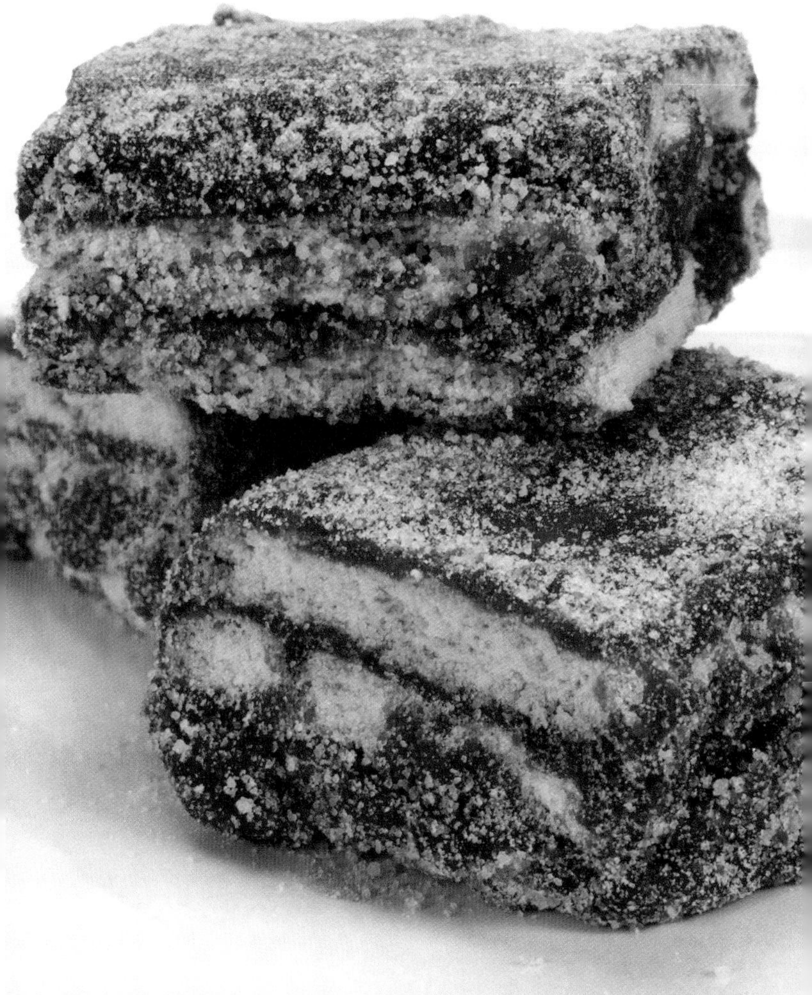

Alfajor

INGREDIENTES

Massa
200 g de farinha de trigo
70 g de amido de milho
70 g de açúcar mascavo
1 colher (café) de fermento em pó
1/3 xícara (chá) de nozes moídas
125 g de manteiga sem sal
70 ml de leite
1 colher (café) de essência de baunilha

Recheio
200 g de doce de leite
1 xícara (chá) de nozes trituradas
1 colher (café) de essência de baunilha

Cobertura
Chocolate fracionado ao leite

Decore com confeitos e chocolate.

MODO DE PREPARO

Recheio – Misture todos os ingredientes e utilize.

Massa – Misture os ingredientes secos. Junte o restante dos ingredientes na ordem da receita e mexa delicadamente, até obter uma massa homogênea. Deixe descansar cerca de 20 minutos na geladeira. Abra a massa, com o auxílio de um rolo, corte com o cortador redondo e leve para assar em forma untada e enfarinhada, até dourar levemente (10 a 15 minutos). Aguarde esfriar e recheie. Em seguida, banhe no chocolate ao leite.

TEMPO DE PREPARO: 2 HORAS   RENDIMENTO: 20 UNIDADES

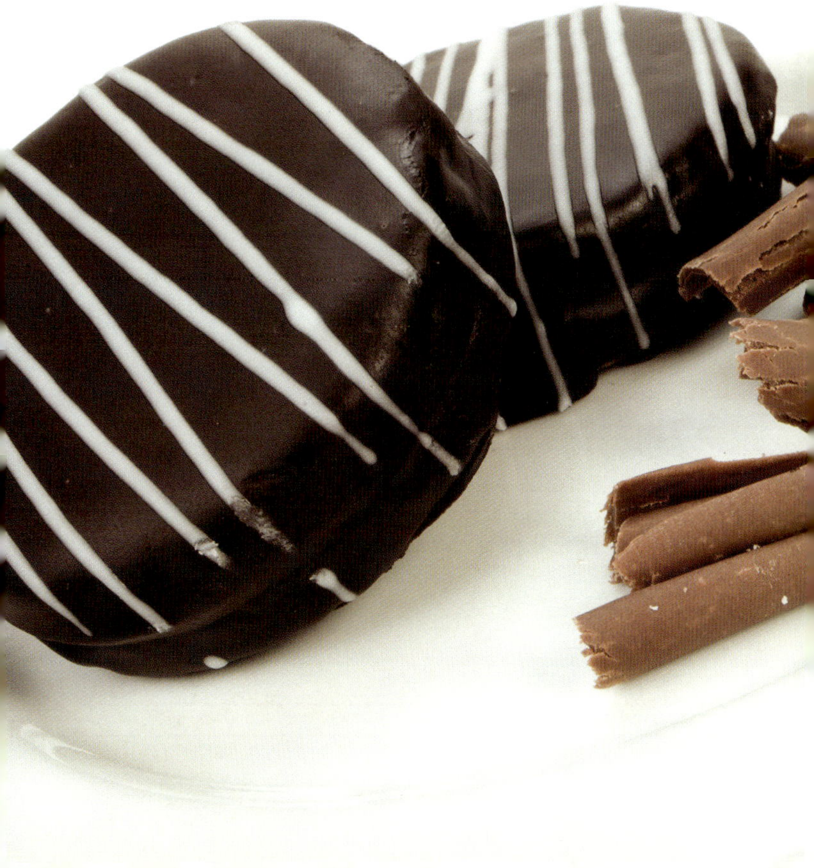

Petit Gateau

INGREDIENTES
4 ovos inteiros
¾ xícara (chá) de açúcar
¾ xícara (chá) de farinha de trigo
300 g de chocolate meio amargo
150 g de margarina sem sal

MODO DE PREPARO
Bata os ovos, acrescente o açúcar e a farinha de trigo. Reserve. À parte, derreta o chocolate juntamente com a margarina, no micro-ondas ou em banho-maria. Junte as duas misturas, formando uma massa homogênea. Unte forminhas próprias com margarina e polvilhe com chocolate em pó. Asse em forno pré-aquecido a 250ºC. Deixe no forno por 8 minutos, desenforme e sirva quente.

DICA: Sirva com sorvete de creme, chantili, castanha de caju e calda própria para sorvete.

TEMPO DE PREPARO: 1 HORA   RENDIMENTO: 12 PORÇÕES

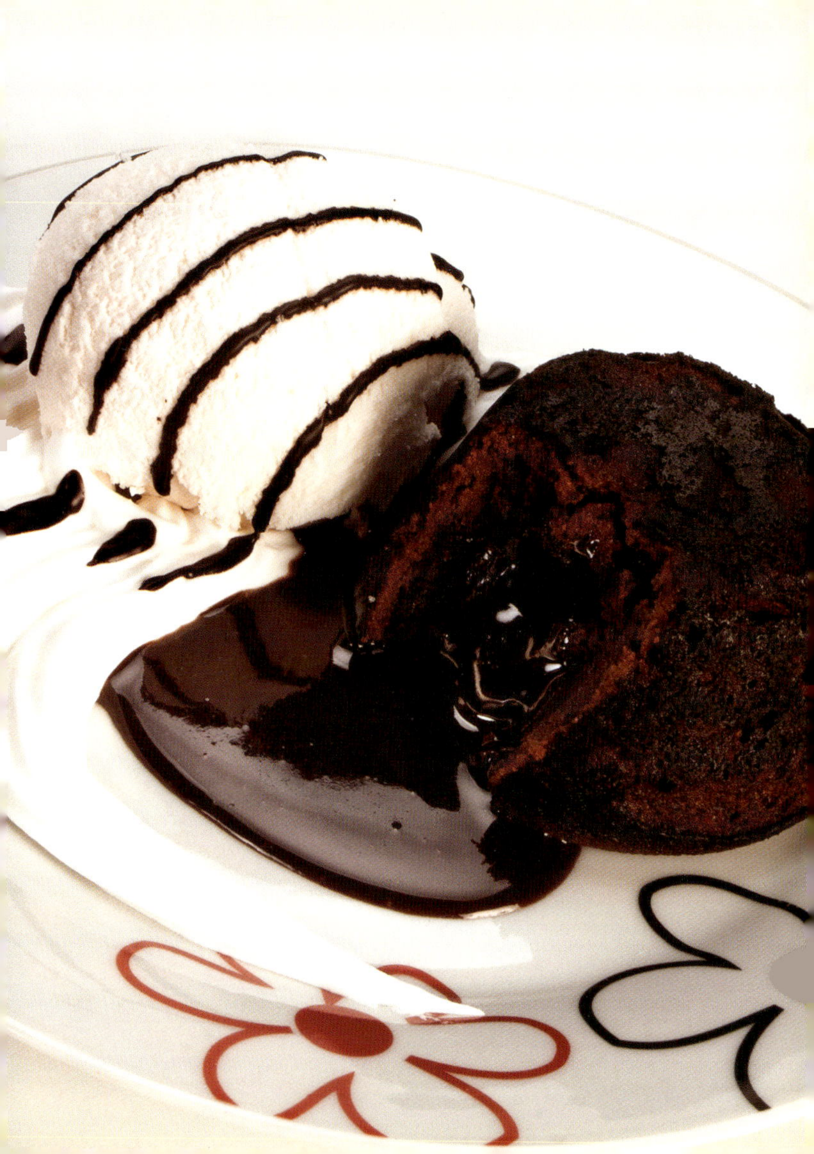

PÃO DE MEL

INGREDIENTES

Massa
2 xícaras (chá) de leite
1 xícara (chá) de açúcar mascavo
1 colher (chá) de canela em pó
1 colher (café) de cravo em pó
½ xícara (chá) de mel
½ xícara (chá) de chocolate em pó
2 xícaras (chá) de farinha de trigo
2 colheres (chá) de fermento em pó
2 colheres (chá) de bicarbonato de sódio

Recheio
1 xícara (chá) de doce de leite
½ xícara (chá) de creme de leite
100 g de coco seco ralado

Cobertura
Cobertura fracionada de chocolate ao leite

MODO DE PREPARO

Massa – Coloque todos os ingredientes da massa no liquidificador e bata até homogeneizar. Unte formas próprias para pão de mel, preencha até a metade e leve para assar, por aproximadamente 25 minutos.

Recheio – Misture todos os ingredientes e utilize.

Montagem – Desenforme os pães de mel e corte-os ao meio, sem separá-los completamente. Recheie cada um e banhe-os em cobertura fracionada derretida. Disponha os pães de mel sobre papel-manteiga ou grade e aguarde secar em temperatura ambiente. Após 2 a 4 horas, corte as rebarbas de chocolate e embale-os.

DICAS: Nunca banhe o pão de mel ainda morno. Deixe esfriar bem a massa para rechear e banhar no chocolate. Isso garante uma melhor qualidade.

TEMPO DE PREPARO: 2 HORAS   RENDIMENTO: 24 PORÇÕES

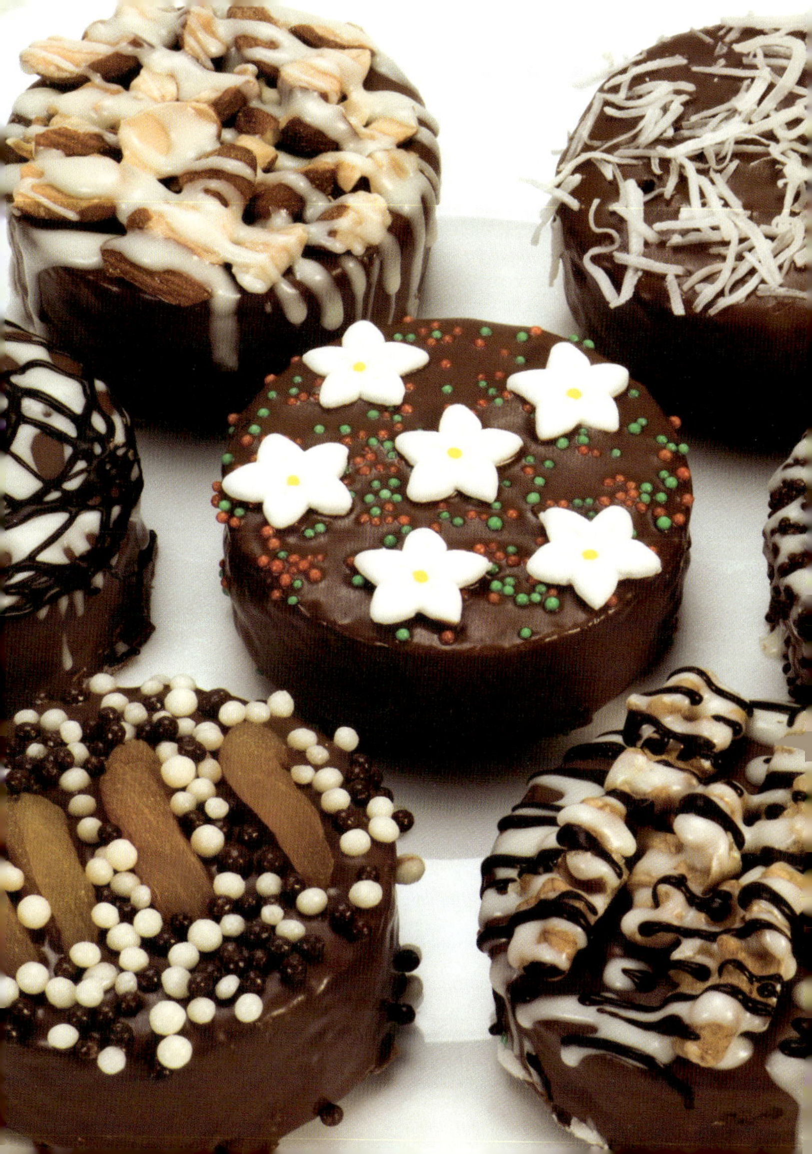

Bolo Brownie

INGREDIENTES

200 g de chocolate meio amargo
100 g de manteiga
4 ovos
1 ½ xícara (chá) de açúcar
4 colheres (sopa) de chocolate em pó
1 xícara (chá) de farinha de trigo
1 colher (chá) de bicarbonato de sódio
150 g de castanha do Brasil e nozes (picadas)

MODO DE PREPARO

Seguindo as técnicas de derretimento, derreta o chocolate com a manteiga e reserve. Bata os ovos com o açúcar e o chocolate em pó. Misture ao creme reservado, junte a farinha de trigo peneirada com o bicarbonato de sódio e, ao final, coloque as castanhas picadas grosseiramente. Despeje em assadeira untada e asse por 40 minutos em forno médio.

DICA: Varie os tipos de castanhas e nozes. Aqueça no momento de servir e acompanhe com sorvete.

TEMPO DE PREPARO: 1H20   RENDIMENTO: 12 PORÇÕES

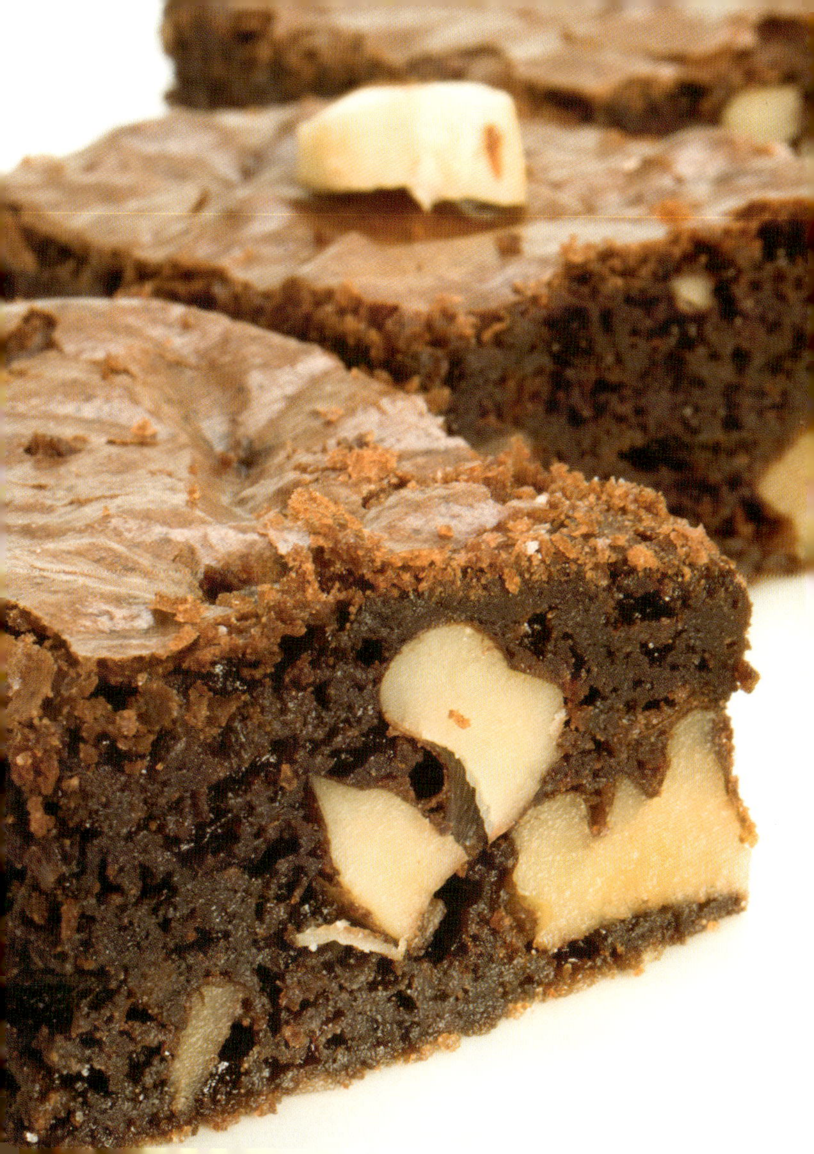

FONDUE DE CHOCOLATE

INGREDIENTES
300 g de chocolate meio amargo
250 ml de creme de leite fresco
1 xícara (chá) de leite condensado
1 cálice de licor de cereja
Acompanhamentos: morango, kiwi, abacaxi, banana, manga, tangerina, uvas inteiras

MODO DE PREPARO
Junte todos os ingredientes e aqueça em banho-maria. Transfira para a panela de *fondue* e coloque sobre o *réchaud* aceso. Utilize o fogo baixo, para não queimar. Mergulhe as frutas com o auxílio dos garfos próprios para *fondue*.

DICA: Para cada receita reserve 1,5 kg de frutas

TEMPO DE PREPARO: 30 MINUTOS   RENDIMENTO: 10 PORÇÕES

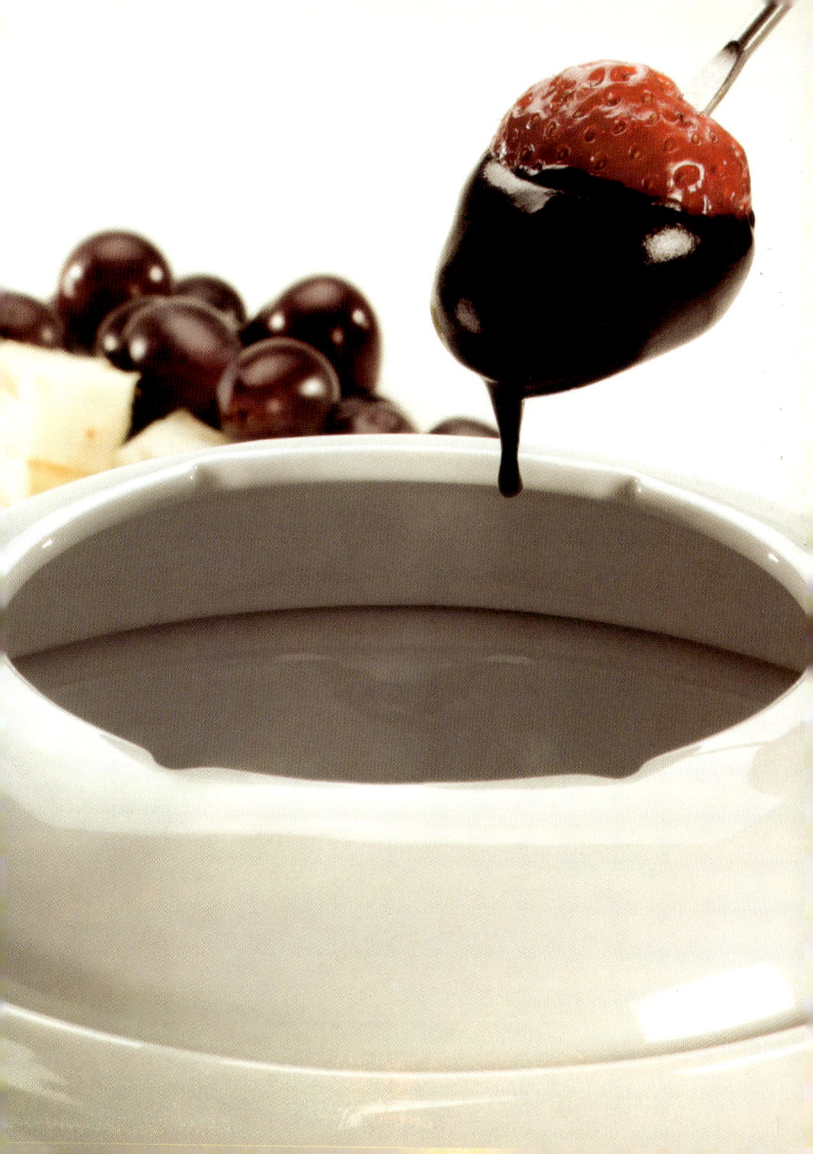

Ganache de Frutas Vermelhas

INGREDIENTES
500 g de chocolate branco
½ xícara (chá) de creme de leite
½ xícara (chá) de geleia de frutas vermelhas
30 forminhas (base para canapé) redondas, banhadas no chocolate ao leite ou branco

MODO DE PREPARO
Junte o chocolate, o creme de leite e a geleia de frutas e leve para derreter em banho-maria. Coloque em saco de confeitar e deixe sob refrigeração por 6 horas ou até adquirir consistência firme. Preencha as forminhas e decore com raspas de chocolate.

DICA: Para a geleia caseira, utilize morango, amora e framboesa. O açúcar deverá estar na proporção de 30% da receita. Passe a geleia pela peneira para ficar bem fina.

TEMPO DE PREPARO: 1H30   RENDIMENTO: 20 PORÇÕES

77

Chocolate com Castanhas

300 g de chocolate ao leite
300 g de chocolate meio amargo
300 g de creme de leite
100 g de nozes
100 g de castanha do Brasil
100 g de pistache

Junte os três primeiros ingredientes e aqueça em banho-maria até derreter. Adicione as castanhas e misture bem. Forre um refratário com papel alumínio e distribua a mistura. Deixe endurecer por aproximadamente 4 horas e corte em pedaços de aproximadamente 30 gramas.

Deixe a massa ganhar consistência, espalhe sobre papel alumínio ou plástico e enrole como se fosse um salame. Neste caso, ele será cortado em formas circulares.

TEMPO DE PREPARO: 1 HORA   RENDIMENTO: 40 PORÇÕES

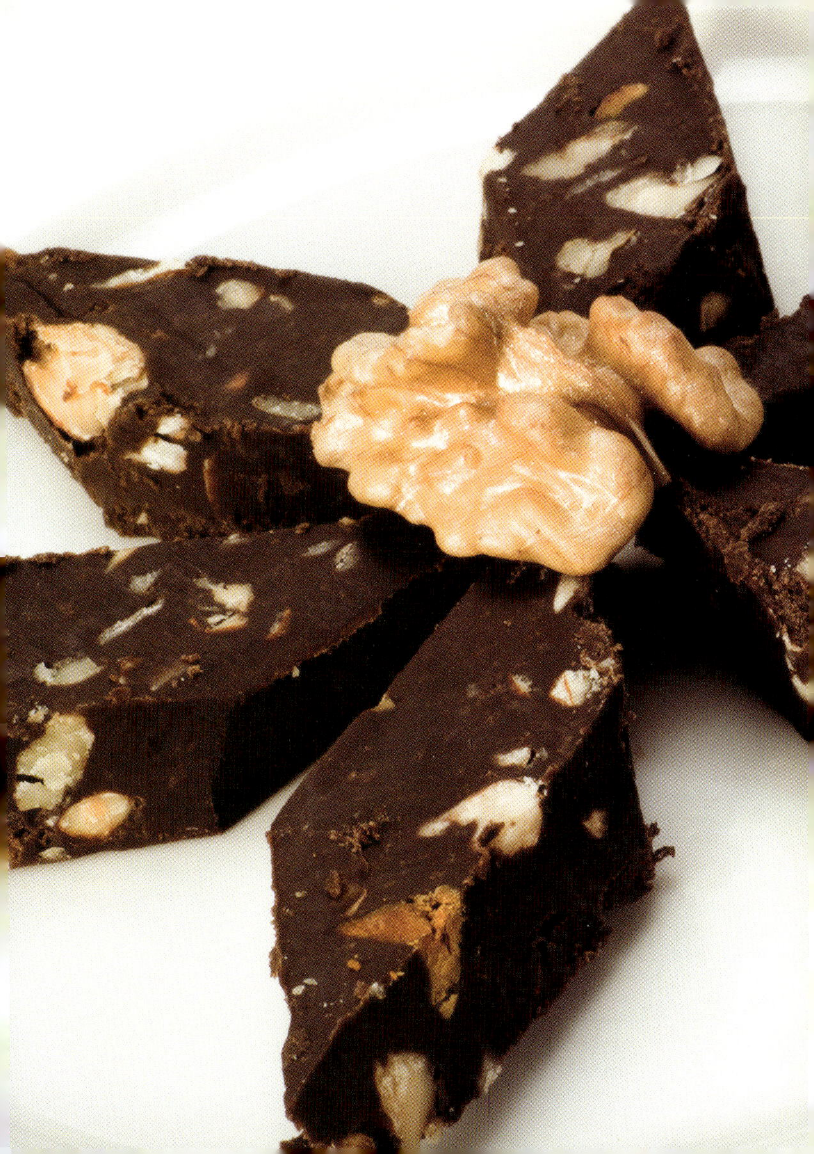

Estrogonofe de Chocolate

INGREDIENTES
1 lata de leite condensado
1 lata de leite (a mesma medida da lata de leite condensado)
3 colheres (sopa) de chocolate em pó
2 gemas peneiradas
1 colher (sopa) de margarina sem sal
1 lata de creme de leite
200 g de nozes picadas

MODO DE PREPARO
Leve ao fogo o leite condensado, o leite, o chocolate em pó, as gemas e a margarina. Cozinhe até engrossar. Deixe esfriar. Junte o creme de leite e as nozes e leve à geladeira.

DICAS: Substitua as nozes por avelãs, amêndoas, macadâmia e frutas (morango, manga, uva, etc.).
Decore com creme de leite.

TEMPO DE PREPARO: 30 MINUTOS   RENDIMENTO: 8 PORÇÕES

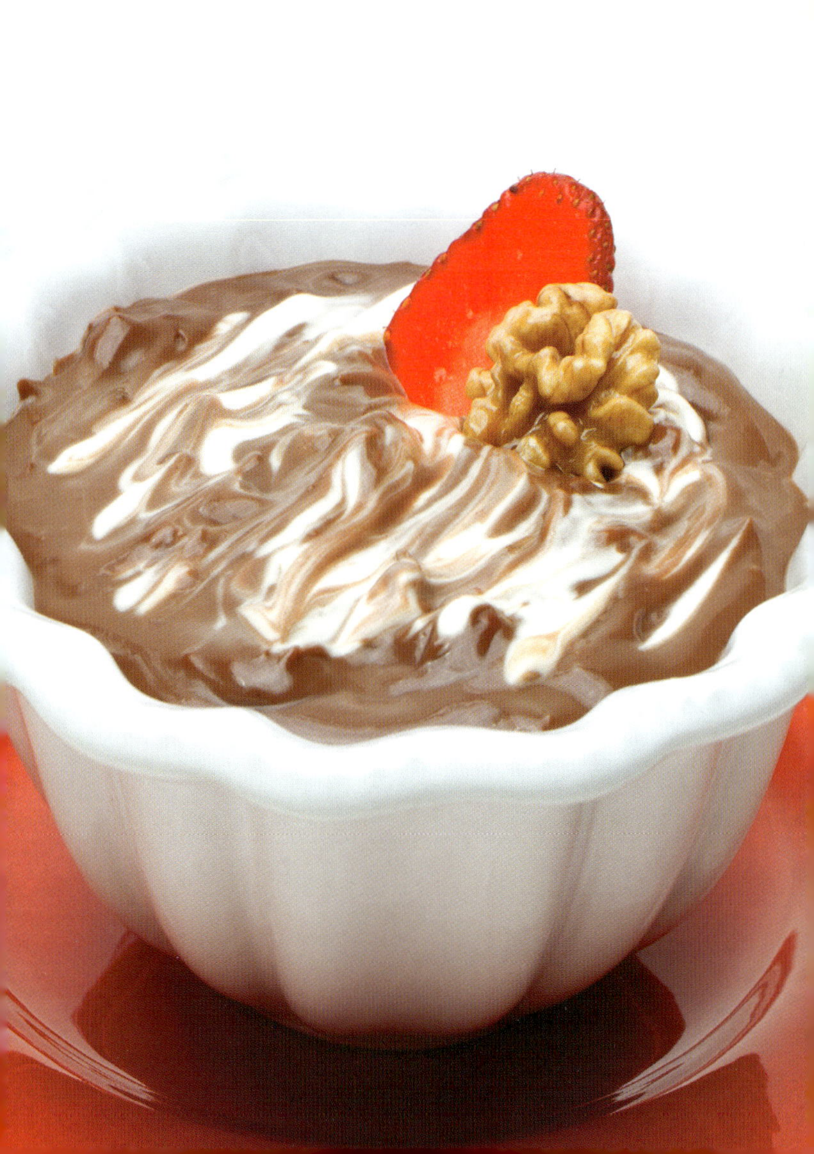

SOBREMESA DE CHOCOLATE

INGREDIENTES
8 colheres (sopa) de açúcar
1 colher (sopa) de margarina sem sal
1 gema peneirada
6 colheres (sopa) chocolate em pó
3 colheres (sopa) amido de milho
500 ml de leite integral
1 colher (café) de essência de baunilha
1 lata de creme de leite

MODO DE PREPARO
Junte todos os ingredientes, menos o creme de leite, e leve ao fogo até engrossar, mexendo sem parar. Retire do fogo, deixe esfriar e misture o creme de leite. Coloque em recipientes individuais ou em um único refratário. Leve à geladeira para resfriar.

DICA: Adicione frutas ou castanhas na hora de servir.

TEMPO DE PREPARO: 40 MINUTOS   RENDIMENTO: 10 PORÇÕES

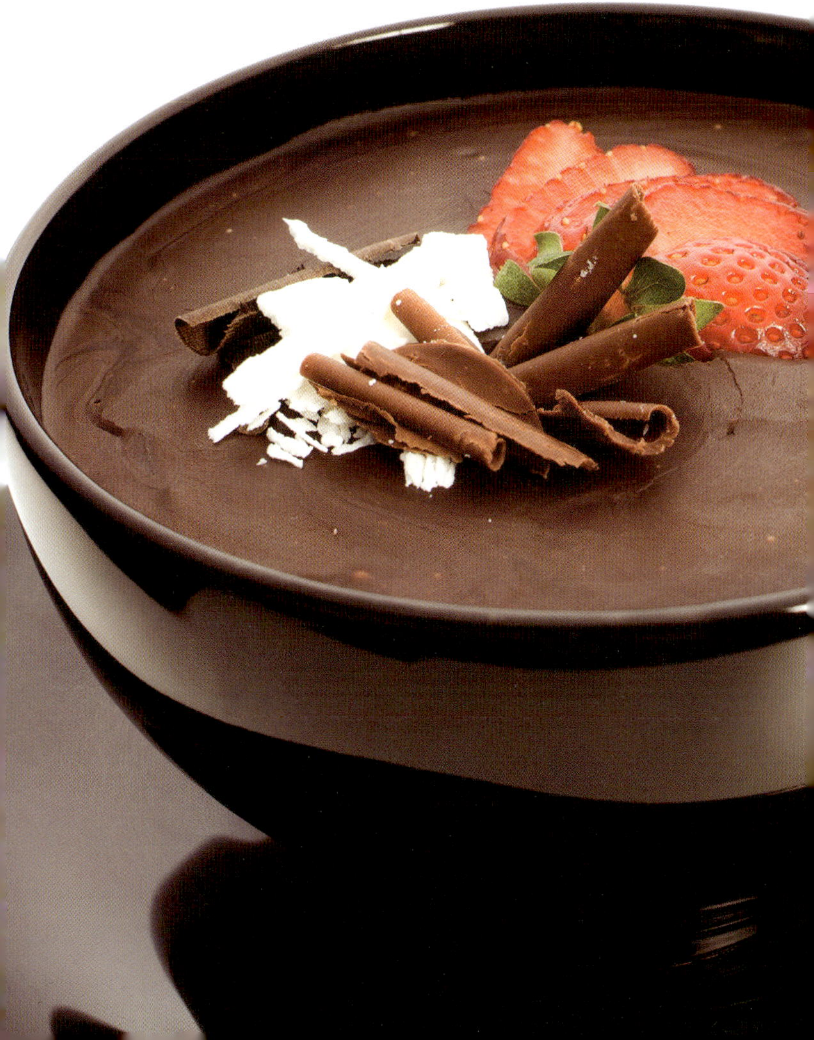

CHOCOTONE TRUFADO

INGREDIENTES

Massa

3 tabletes de fermento biológico (45 g)
½ xícara (chá) de água morna
½ xícara (chá) de açúcar
400 g de farinha de trigo
2 ovos inteiros
3 gemas
2 colheres (sopa) de óleo
3 colheres (sopa) de margarina
1 colher (sobremesa) de essência de panetone
1 colher (café) de canela em pó
1 colher (café) de raspas de laranja
½ colher (café) de sal
200 g de gotas de chocolate

Recheio

½ receita de trufa tradicional

Cobertura

½ receita de trufa tradicional

Decoração

Frutas secas e castanhas

MODO DE PREPARO

Junte o fermento, a água, 1 colher (sopa) de açúcar, 150 g de farinha de trigo, 1 ovo inteiro, 1 gema e 1 colher (sopa) de óleo. Deixe crescer por 30 minutos. Acrescente os demais ingredientes e sove bem. Não coloque mais farinha de trigo do que a quantidade pedida na receita. Passe óleo nas mãos para facilitar o trabalho. Divida a massa em duas partes e modele de forma arredondada. Deixe crescer por 1 hora. Asse em forno preaquecido a 180ºC por 45 minutos. Deixe esfriar. Faça a trufa e, ainda quente, coloque em recipiente que possua bico injetor. Perfure o panetone e dispense a trufa lentamente. Cubra com o restante da trufa e decore com as frutas secas e castanhas.

Substitua as gotas de chocolate por frutas cristalizadas, uvas passas, castanhas e nozes.

TEMPO DE PREPARO: 2 HORAS   RENDIMENTO: 2 UNIDADES

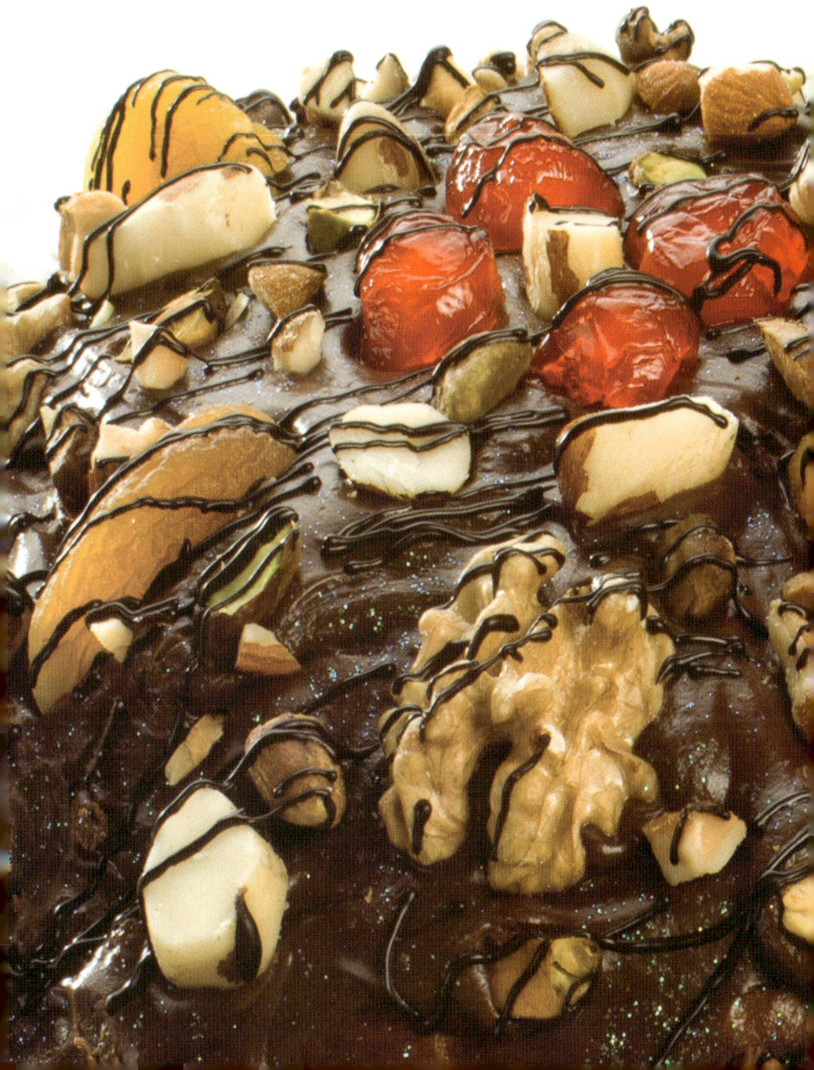

Ovo de Páscoa Tradicional

INGREDIENTES

2 kg de cobertura de chocolate (ao leite, meio amargo, branco, etc.)

MODO DE PREPARO

Prepare o chocolate conforme as instruções de derretimento e temperagem. Despeje o chocolate derretido em formas para ovo de Páscoa, preenchendo-as até as bordas. Vire-as para escorrer o excesso de chocolate e raspe a superfície de cada uma delas com uma espátula. Cubra as formas com papel-manteiga e leve-as à geladeira, com as cavidades voltadas para baixo, para que o chocolate endureça. Repita essa operação de 2 a 3 vezes. Os ovos estarão prontos quando o fundo das formas estiver opaco. Desenforme e aguarde por 12 horas antes de embalar.

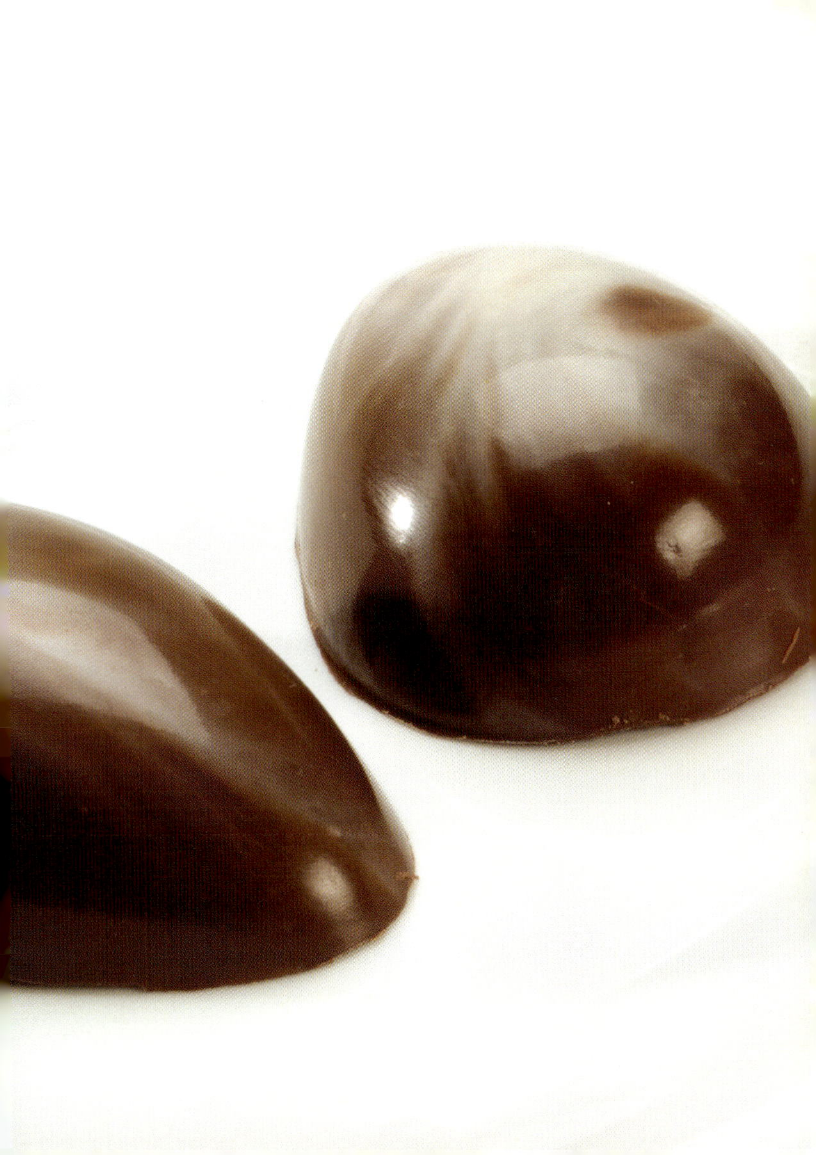

OVO DE PÁSCOA MESCLADO

TIPO 1
Com uma colher ou saco de confeitar, aplique na forma uma pequena quantidade de chocolate branco, derretido e temperado, formando desenhos. Deixe endurecer e espalhe, em seguida, mais duas camadas do chocolate meio amargo ou ao leite.

TIPO 2
Aplique na forma, com colher ou saco de confeitar, uma pequena quantidade de chocolate ao leite, derretido e temperado, formando desenhos. Em seguida, espalhe mais duas camadas de chocolate branco.

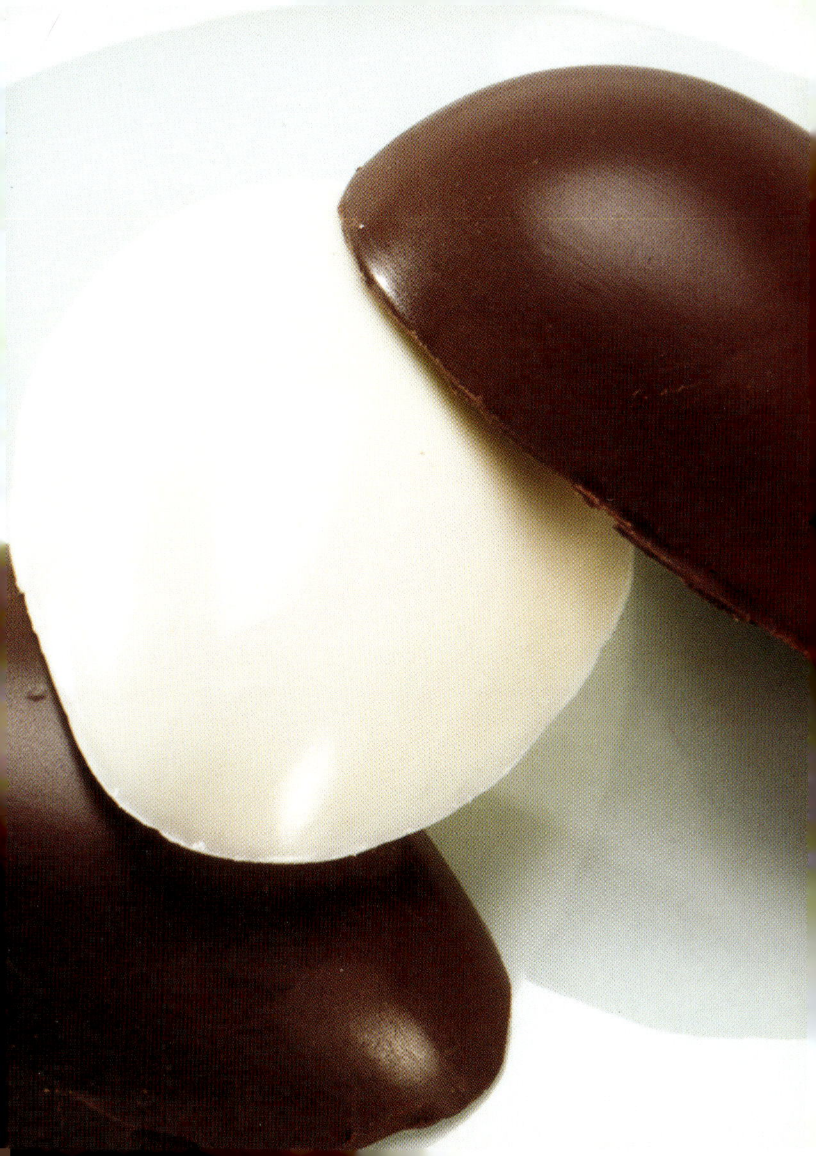

Ovo de Páscoa Desenhado e Decorado

Prepare o ovo de Páscoa tradicional e reserve.
Para desenhar, utilize chocolate que dê contraste de cores ou glacê real, natural ou colorido.
Nesta foto temos os seguintes desenhos:
Ponto perdido
Aplique de flores
Labirinto
É possível fazer desenhos, escrever mensagens, nomes e muitas outras coisas. Basta usar a imaginação!

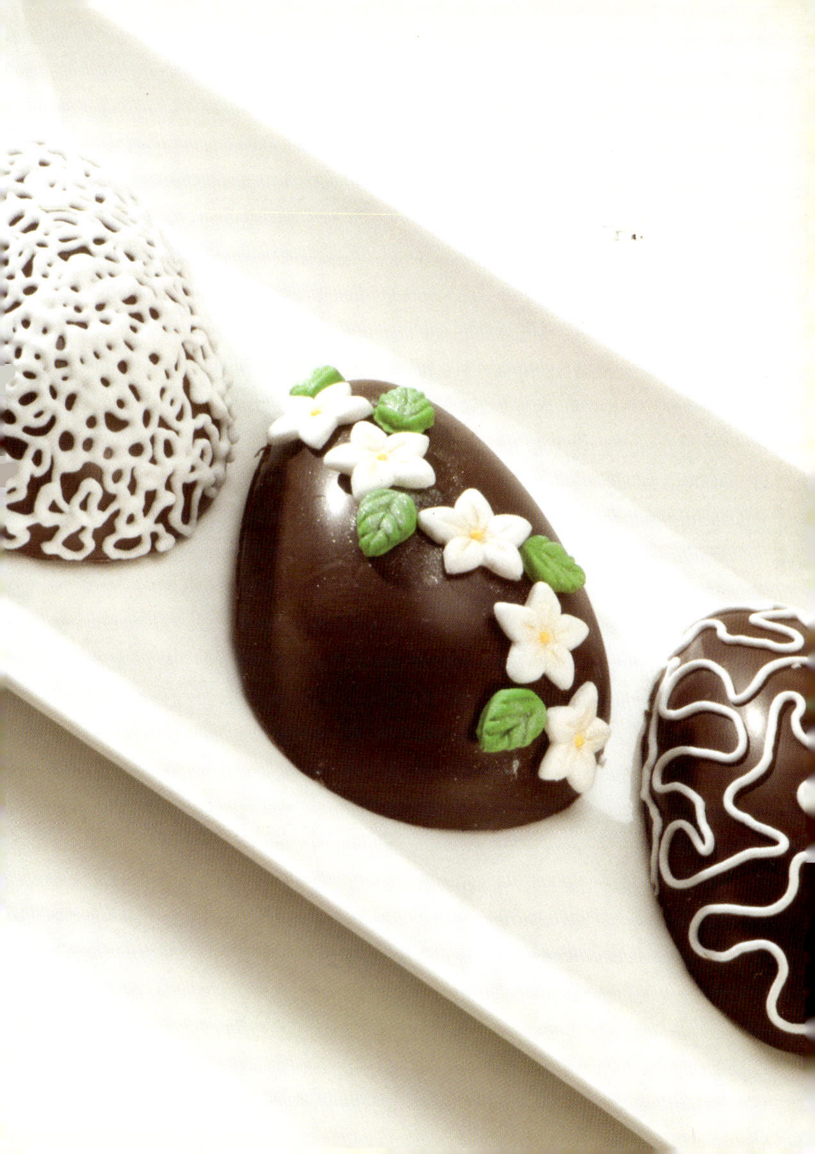

Ovo de Páscoa Recheado ou crocante

INGREDIENTES
Chocolate da sua preferência (ao leite, branco, etc.)
Recheio
Trufa tradicional ou outra que você preferir
Também pode ser usado doce de leite

MODO DE PREPARO
Prepare o chocolate conforme as instruções de derretimento e temperagem. Faça duas camadas de casca, deixe endurecer e espalhe o recheio, com o auxílio de uma colher, deixando 1cm da borda sem recheio. Deixe ganhar consistência e banhe novamente com chocolate. Vire as formas para escorrer e retirar o excesso de chocolate. Cubra com papel-manteiga e leve à geladeira por cerca de 5 minutos, com as cavidades voltadas para cima, para endurecer o chocolate. Os ovos estarão prontos quando os fundos das formas estiverem opacos. Desenforme e aguarde antes de embalar.

Ovo Crocante
Para cada 500 g de chocolate, utilize ½ xícara (chá) de flocos de arroz. Faça a primeira com chocolate ao leite e deixe endurecer. Misture os flocos de arroz ao chocolate derretido e temperado e coloque sobre a primeira camada. Leve à geladeira até endurecer e repita a operação com chocolate ao leite. Você pode substituir os flocos de arroz por nozes ou castanhas de caju picadas.

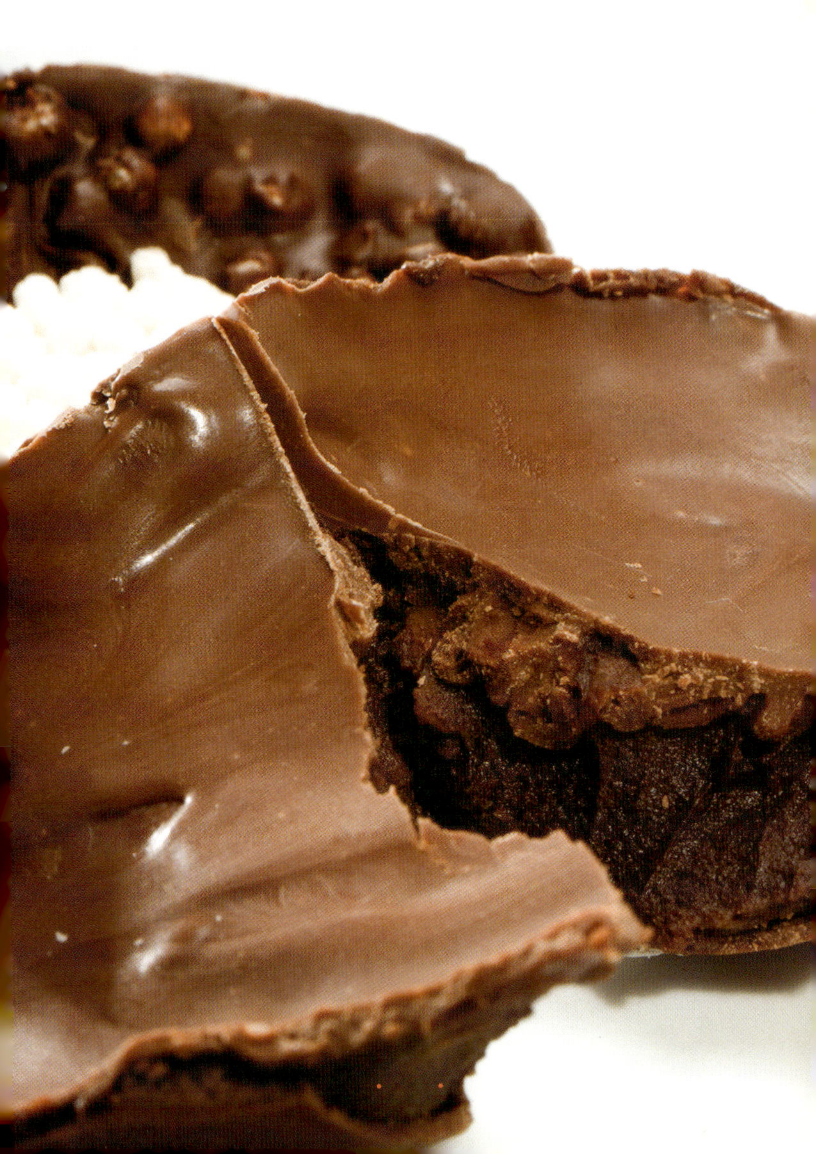

Ovo de Páscoa Decorado com Confeitos ou Castanhas

Para estes ovos de Páscoa, o ideal é que a casca do ovo seja lisa ou crocante, de chocolate branco, ao leite ou meio amargo. Utilize chocolate na cor da casca (derretido e frio) como "cola". Com um pincel macio, espalhe o chocolate já frio e distribua os confeitos coloridos ou as castanhas. Deixe secar bem para embalar. A embalagem, neste caso, pode ser em papel celofane transparente, para destacar o efeito. Use a criatividade e misture diferentes tipos de confeitos, castanhas, pequenos bombons, amendoins doces, etc.

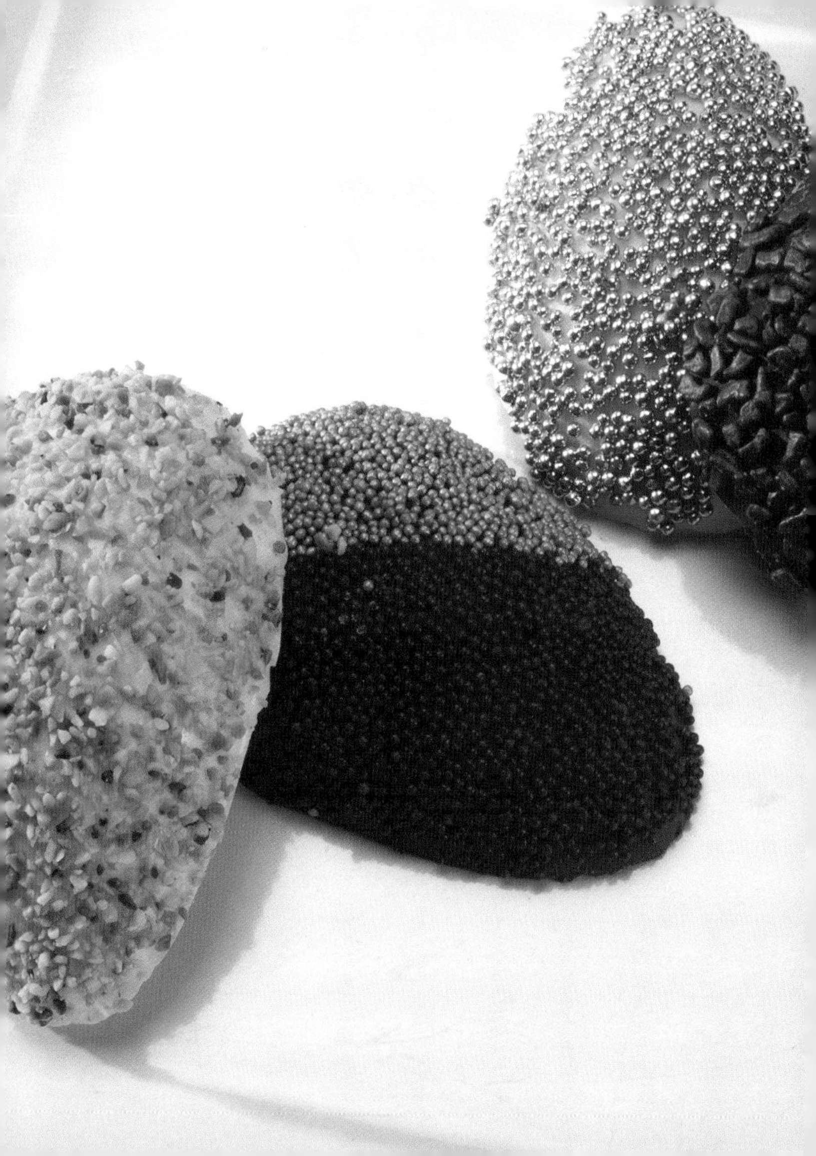

Ovo de Páscoa com Cookies

INGREDIENTES
1kg de chocolate de sua preferência (ao leite, branco, meio amargo, etc.)
100 g de cookies próprios para esta finalidade ou bolachas de chocolate quebradas

MODO DE PREPARO
Faça uma camada de chocolate na forma.
Repita a operação e, com o chocolate ainda mole, incorpore os pedaços de bolacha recheada de sua preferência. Deixe endurecer. Espalhe a última camada de chocolate sem passar a colher. Para isso, faça o chocolate cobrir a bolacha apenas girando a forma. Deixe endurecer e vire a forma para baixo.

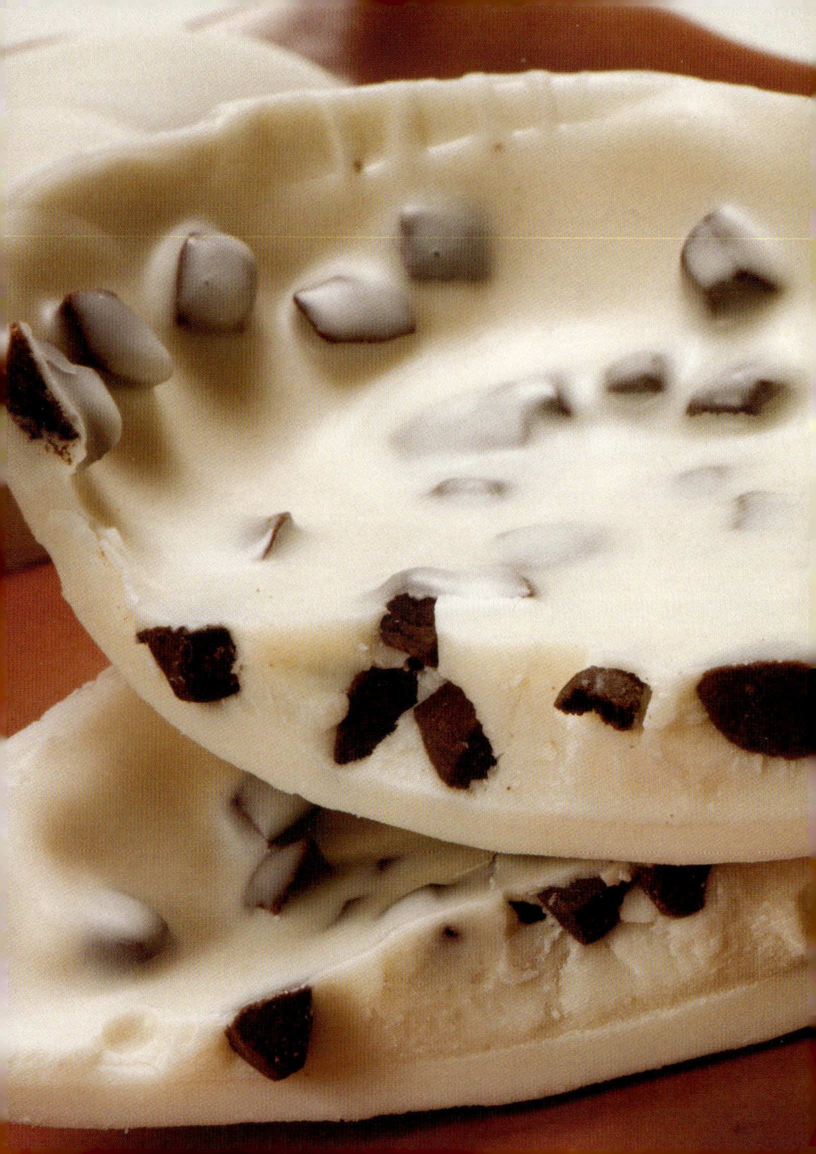

Chocolate Moldado em Silicone

INGREDIENTES
Chocolate em barra

UTENSÍLIOS
Moldes em silicone com formatos diversos

UTILIZAÇÃO
Decoração de trufas, bombons, docinhos, bolos, etc.

MODO DE PREPARO
Derreta o chocolate segundo os procedimentos adequados, coloque em moldes, leve à geladeira até endurecer e desenforme delicadamente para manter a estrutura da forma.

DICA: Para obter efeitos diferenciados utilize corantes próprios para chocolate e pós-perolados.

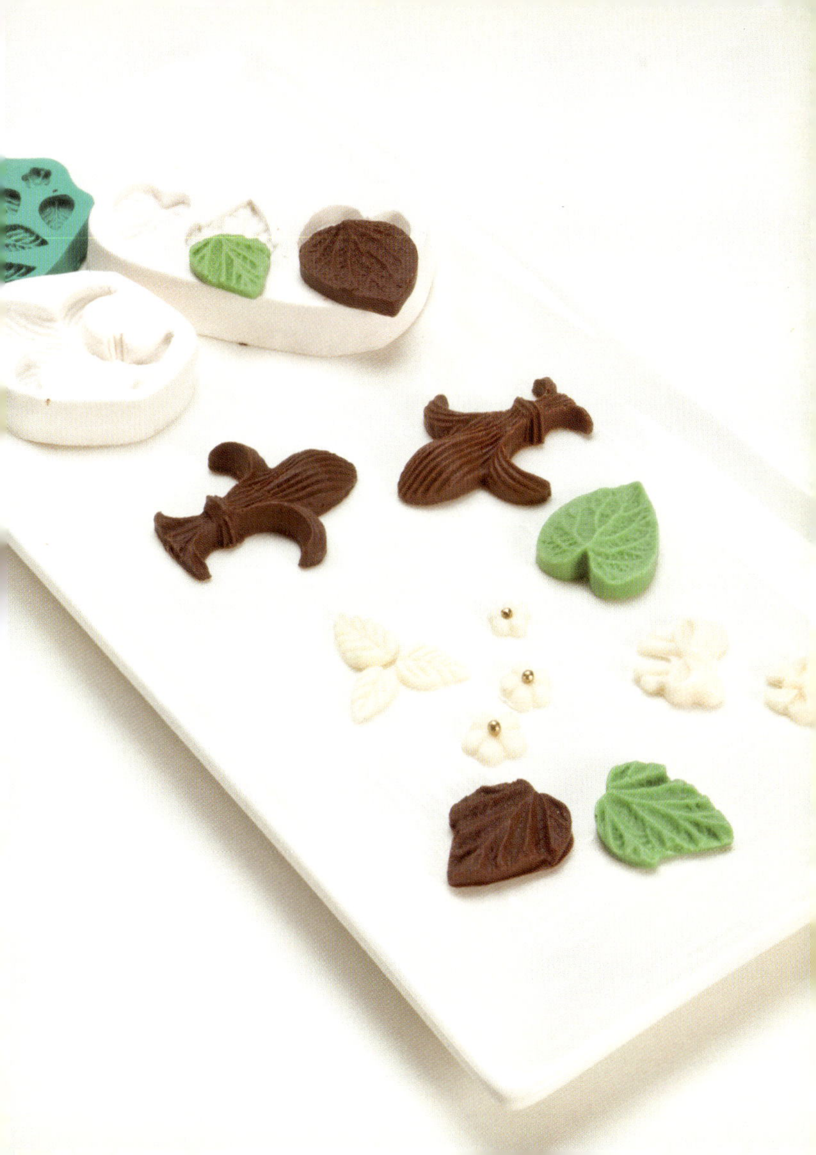

Decoração com Transfer

As formas para transfer já vêm desenhadas com corantes comestíveis e, em contato com o chocolate, o desenho é automaticamente transferido para ele.
Aplica-se o chocolate como se fosse fazer um bombom. Ao retirar da forma temos essas estruturas diferenciadas, prontas para serem utilizadas em decorações, como bolos, tortas, pães, entre outras.
Encontramos formatos e desenhos variados em casas especializadas, inclusive formas para ovos de Páscoa e placas planas, nas quais podemos aplicar uma fina camada de chocolate e, ao endurecer, fazemos recortes diversos.
Utilize, preferencialmente, a cobertura fracionada de chocolate.

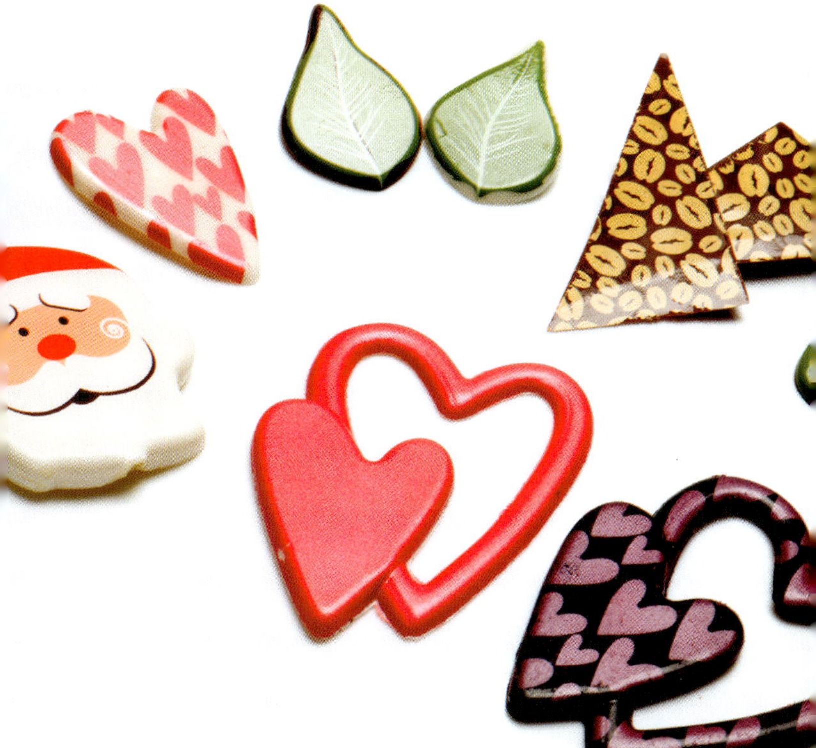

Pirulito de Chocolate

INGREDIENTES
Chocolate ao leite, meio amargo ou branco
Formas próprias para pirulito
Palito

MODO DE PREPARO
Prepare o chocolate seguindo as técnicas de derretimento e temperagem, como se fosse preparar um bombom. Preencha as formas e ajuste os palitos. Na foto, observe que a forma utilizada possuía transfer, resultando em um desenho bem definido. É possível, ainda, dar toques de corantes em pó ou adicionar confeitos após os pirulitos serem desenformados.

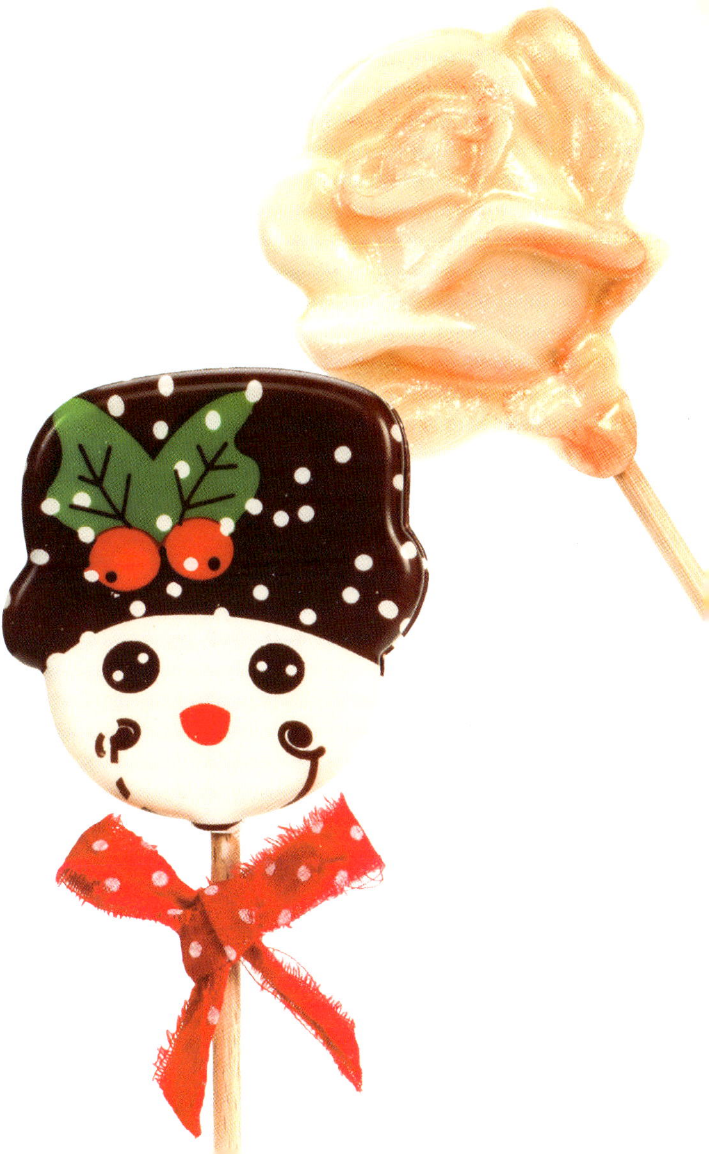